하나를
바꾸면
모든 것이
바뀐다

하나를
바꾸면
모든 것이
바뀐다

초판 1쇄 발행 2023년 11월 10일

저자	샤시타루르 등 34명
기획	허병민
번역	강주헌
펴낸곳	마인더브
주소	서울시 광진구 아차산로 375(B1, 105호)
전화	02-2285-3999
팩스	02-6442-0645
이메일	kyoungwonbooks@gmail.com
ISBN	979-11-93280-03-4 (03190)
정가	17,000원

하나를 바꾸면

change
chance

모든 것이 바뀐다

마인더브

마음가짐이 곧, 습관의 시작이다

우리의 몸은 정원이고
마음은 정원사다.
게을러서 불모지가 되든
부지런히 거름을 주어 가꾸든,
그것에 대한 권한은
모두 우리의 마음에 달려 있다.

—셰익스피어, 〈오셀로〉에서

아직도 날짜와 요일이 생생하게 기억납니다. 2012년 4월 16일, 월요일. 집 앞에 있는 교보문고에서 책을 몇 권 사서 집으로 들어가고 있었습니다.

그때는 부모님과 같이 아파트에 살고 있었는데, 저희 동 앞에 작은 계단이 하나 있었습니다. 한 쌍의 커플이 지나가기에 딱 좋은, 사랑을 속삭이기에 적당한 공간이었습니다. 계단을 천천히 올라가고 있는데, 보통 때와는 달리 뭔가 느낌이 이상했어요. 주변은 한없이 어두컴컴한데, 갑자기 눈이 부시더군요. 어디에서 오는 빛일까. 고개를 들어봤습니다.

크리스마스에나 볼 법한 알록달록한 장식들이 반짝반짝, 꺼졌다 켜지기를 반복하고 있더군요. '겨울이 지난지도 한참인데, 웬 크리스마스 장식물이람? 완전 에너지 낭비네.'

여기서 잠깐. 저도 할 말이 있습니다. 저도 원래 이런 거 좋아하는 사람입니다. 보기에는 조금 차갑고 냉철해 보여도, 실제로는 나름 감수성이 풍부한 로맨티스트에 가깝습니다. 이런 장식물들을 보면 사랑하는 사람과 나눴던 대화를, 둘만의 감미로운 키스를, 서로 사이좋게 이어폰 끼고 들었던 〈꿈에 들어와〉를 떠올리는, 그런 사람입니다.

단지 그런 감정을 누리기엔 하필 그때가 저에겐 너무 힘든 시기였습니다. 제가 누릴 수 없고, 또 누려서는 안 되는 사치였던 그런 시기였어요. 더 이상 메마를 수 없을 정도로 감정은 메말라 있었고, 일에 대한 열정도 사람에 대한 관심도 떨어져 있었죠. 때로는 담담하고 덤덤했고, 때로는 불쾌하고 우울했습니다. 천국과 지옥이 하루에도 수없이 바뀌는, 스스로 감정을 다스릴 수 없었던 그런 시기였습니다. 그날, 아무 죄도 없는 그 크리스마스 장식물은 재수 없게도 그냥 저에게 잘못 걸린 것뿐입니다.

울컥, 따지고 싶어졌습니다. 확실하게 짚고 넘어가고 싶었죠. '왜 내 앞에서 빤짝이고 난리야. 누구 마음대로? 행복한가 보지, 넌 지금? 이런 걸 본다고 기분이 좋아질 것 같아? 누가 그래?' 범인[?]이 누구인지 알고 싶었습니다. 한동안 잠잠했던 제 마음을 제대로 흔들어놓았으니까요. 바로 경비아저씨에게 찾아가 따져 물었습니다.

"누구예요? 누가 저기에, 저걸 달아놨나요?" "제가 달아놨어요." "아저씨가요? 왜요? 지금이 겨울인가요. 크리스마스예요?" "허허. 아니죠." 그런데 바로 그 순간. "그런데… 크리스마스가 꼭 겨울에만 있어야 한다는 법 있나요. 허허. 그거 알아요? 크리스마스는, 내 마음속에 있는 거라고."

흠칫. 갑자기 그 순간, 시간이 멈춰버렸습니다. 저보다 연배가 한 서른 살 정도는 위인, 할아버지뻘의 경비아저씨가 던진 아주 단순한, 살짝 낯간지럽기까지 한 말 한마디에 저는 할 말이 없어졌습니다. 연륜이란, 바로 이런 걸 두고 하는 말일까요.

일에 대한 식어버린 열정. 사람에 대한 줄어든 관심. 시간이 흐를수록 점점 메말라간 감정. 그 이유를, 저는 그동안 왜 몰랐던 걸까요.

"크리스마스는, 내 마음속에 있는 거라고."

일에 대한 열정이 다름 아닌 내 마음속에 있는 거라고, 사람에 대한 관심이 바로 내 마음속에 있는 거라고, 저는 왜 한 번도 생각해본 적이 없었던 걸까요. 일이 잘 안 풀리는 것이 그 일 때문이 아니라는 것. 관계가 잘 안 풀리는 것이 그 사람 때문이 아니라는 것. 다 내 마음 때문이라는 것.

열정의 복원, 감정의 귀환, 관심의 회복이란 게 별 거 아니었구나. 다, 내 마음속에 있었던 거구나. 아무것도 아니라고 생각한 것이, 실은 모든 걸 의미했었던 거구나.

그렇습니다. 어쩌면 우리는, 12월 25일을 위해 트리를 아껴둘 필요가 없는지도 모릅니다. 1년이라는 긴 시간을 목이 빠지도록 기다릴 필요가 없는 건지도요. "트리를 왜 벌써 달아?"라고 하는 사람들은 때를 기다리다 삶의 즐거움과 행복을 놓쳐버린 안타까운 사람들일지도 모릅니다. 원래 때라는 건 없습니다. 내 마음이 결정해주는 것이, 바로 그때이니까요. 1년 내내, 크리스마스일 수도 있는 이유입니다.

/

지금부터 여행을 떠날까 합니다. 여행지는 총 서른네 군데. 서른네 분의 석학과 리더들이 자신의 삶을 지켜오고 지탱해온, 나아가 자신의 삶을 바꿔놓은 습관을 여러분에게 소개할 거예요. 그것이 어떤 습관이냐에 따라, 또 여러분 스스로가 어떤 사람이냐에 따라 느낌은 제각각, 다 다를 겁니다.

여기에서 중요한 것은 단 하나, 바로 여러분의 '마음가짐'입니다. 다들 여행을 해보셔서 잘 아실 겁니다. 우리가 어떤 마음, 어떤 눈으로 여행지를 둘러보느냐에 따라 해당 여행지의 경관이, 그 여행지의 가치가, 나아가 여행 자체의 의미가 다르게 다가온다는 것을. 경치가 아름다운지, 썩 시원치 않은지, 아무 느낌도 없는지는 많은 부분 우리의 마음가짐에 달려 있다는 것을.

부디 이 여행이 여러분 모두에게 자신을 충분히 돌아보는 시간으로, '내 마음속의 크리스마스'와 같은 시간으로 남게 되기를 바랍니다.

모든 건 내 마음이 편안할 때, 내 마음이 열려 있을 때, 결국 내 마음이 준비가 돼 있을 때 뜻깊은 결실로 나 자신에게 돌아오는 것 같습니다. 이제 곧 떠날 나를 위한 습관 찾기 여행에 바로 이 '습관 이전에 마음'이라는 준비물만 잊지 않고 머릿속에, 그리고 마음속에 잘 챙겨가셨으면 합니다. 여행의 재미가 꽤 쏠쏠할 겁니다.

굿 럭.

2023년 9월

Talent Lab 서재에서

허병민

차례

제1부
창조적 영감을 불러오는 습관

제2부
지금 다시 시작하기 위한 습관

제3부
삶의 의미에 한 걸음 더 다가서는 습관

제1부

창조적 영감을
불러오는 습관

마크 페인
혁신 컨설팅회사 파렌하이트212의 설립자이자 대표.
《어떤 생각은 세상을 바꾼다》 등의 저자.

정해진 패턴에서 벗어나기

사람에게는 일정한 패턴을 찾아내 별로 관계 없어 보이는 것들을 연결하는 놀라운 능력이 있다. 이런 능력은 어떤 종류의 창조적 과정에서든 반드시 필요하다. 내가 10년 전에 창업한 혁신 컨설팅회사 파렌하이트212에서도 마찬가지였다. 이 분야에서는 언제나 최고 수준의 창조적 발상이 필요하다. 세계적 기업들에 제시할 신제품과 혁신 전략을 구상해내야만 하기 때문이다.

흥미롭지만 그만큼 까다로운 이런 작업에서는 패턴을 찾을 때 어김없이 발생하는 부작용을 피해야만 한다. 인간 두뇌의 편향성 때문에 우리는 이전에 해결했던 문제의 패턴에 근거해 손쉬운 지름길을 찾으려는 습성이 있다. 이런 부작용을 극복하기 위해, 혁신적인 아이디어를 짜내려고 할 때마다 내가 일주일에 몇 번씩 의도적으로 하는 것이 하나 있다.

그 습관에 대해 설명하기 전에, 우리 뇌가 끊임없이 일정한 패턴을 찾아 다시 적용하려는 이유를 이해하면 도움이 될 것이다. 뇌가 그렇게 움직이는 데는 이유가 있다. 패턴을 찾아내는 능력이 초기 인류의 생존을 위해 반드시 필요했기 때문이다. 온갖 미지의 위험물로 가득한 낯선 환경에서 살아남으려면, 일정한 패턴을 찾아내 신속하게 반응할 수 있어야 했다. 그런 능력은 삶과 죽음에 직결된 문제였다. 예컨대 줄무늬가 있는 고양잇과 동물은 우리를 먹잇감으로 삼으려 한다는 것과 보랏빛 열매를 먹으면 몸이 아프게 된다는 걸 알아채는 것이 무엇보다 중요했다. 만약 인류가 보라색이라는 특징과 그것이 가져오는 치명적인 결과의 관련성을 세대마다 재학습해야 했다면, 인류의 삶은 거의 앞으로 나아가지 못했을 것이다.

그로부터 수천 년이 흘렀지만 지금도 우리 뇌는 똑같은 행동을 반복하고 있다. 반복되는 패턴을 찾고, 반응 시간을 단축하는 방법을 찾는다. 이런 능력은 분명 가치가 있지만, 때로는 창의성을 가로막는 장애물이 되기도 한다. 혁신적으로 문제를 해결하는 경험이 축적될수록 머릿속에는 기계적으로 신속하게 반응하는 패턴이 더욱 확고하게 구축된다. 그래서 나는 내가 관여하는 창의적인 작업에서 정형화된 해결책이라는 덫에 빠지지 않으려고 많은 노력을 한다. 그러지 않으면 새로운 것을 창조해내지 못하고, 과거에 사용한 지름길을 따라 비슷한 결과만 낼 뿐이다. '보라색은 먹으면 안 된다!'

이런 문제를 해결하기 위해 머릿속에 넣어둔 작은 습관이 있다. 뇌를 정해진 반응 패턴이 없는 방향으로 끌고 가는 것이다. 뭔가를 창조하는 과정에서 중요한 시점에 임의적인 자극을 나의 사고과정에 주입하고, 당면한 문제와 새로운 자극 사이의 관련성을 어떻게든 찾아내려 노력한다.

예를 들면, 서점에 들어서서 일곱 번째 통로의 책장에 꽂힌 일곱 번째 책의 일곱 번째 페이지에서 영감을 찾겠다는 생각으로, 그 책을 쥐고 서점 구석으로 간다. 충분한 시간을 두고 그 페이지를 읽는 데 그치지 않고, 내용부터 표현 방식까지, 심지어 단어 하나하나까지 뜯어보며 그 페이지를 완전히 삼켜버린다. 선택된 단어들이 결합해 빚어내는 이미지와 개념을 받아들이며, 내가 지금 매달리고 있는 프로젝트에 새롭게 접근하게 해줄 예상 밖의 불꽃이 튀어 오르길 마음 열고 기다린다. 자극이 문제와 밀접한 관계가 있어야 한다는 법은 없다. 기존의 패턴에서 머리를 떼어놓기만 하면 된다.

미술관이나 음반 가게에서도 비슷한 방법으로 영감을 얻는다. 음반 가게에서는 지금 해결해야 하는 문제와 관련해 참신한 생각을 떠올려줄 만한 자극적인 이미지를 찾아내기를 바라며 재킷 디자인을 눈여겨본다. 실제로 한 재즈 음반에서 날개를 활짝 편 천사의 모습을 보고, 평소 눈여겨보지 않았던 식품 성분의 질병 예방 효과를 새로운 방식으로 바라보게 된 적도 있다.

우리 사무실을 굳이 뉴욕의 소호와 런던의 클러큰웰 디자인 거리에 마련한 이유는, 이곳들이 온갖 자극으로 넘치는 장소이기 때문이다. 나는 사무실 주변을 산책할 때마다 '지금 내가 지나가는 상점의 진열장에 이 문제를 해결하는 데 필요한 열쇠가 숨어 있지 않을까?' 하고 생각한다. 실제로 해답이 그곳에 있는지 아닌지는 중요하지 않다. **핵심은 판에 박힌 대로 행동하지 않는 것이다.** 뇌가 학습된 반응 패턴에 따르지 않도록 자극해서, 결과적으로 새로운 관점과 연결고리를 찾아내고, 당면한 문제의 기발한 해결책을 모색하는 것이다.

내가 오래전부터 지녀온 이 작은 습관이 다른 사람들에게도 효과가 있을지는 모르겠다. 하지만 이 습관 뒤에 감추어진 원칙은 여러 측면에 적용될 수 있을 것이다. 우리의 뇌가 친

숙하고 익숙한 지름길을 찾는 방향으로 프로그래밍되어 있다
는 것을 아는 것만으로도, 상상력과 창의력을 최대한으로 활
용하고 두뇌를 건설적인 방향으로 조종하기 위한 습관을 구
축할 필요를 느낄 수 있을 것이다.

스티브 풀러

사회인식론 분야를 연구하는 사회학자.

《휴머니티 2.0 : 인간의 의미, 과거 · 현재 · 미래》 등의 저자.

즉흥성을 활용하는 법

고대 그리스의 소피스트 sophist 시대부터 내려오는 오래된 전통이 있다. 중요한 문제에 대해서 말하기 전에는 항상 자기 생각을 글로 정리해보는 것이다. 물론 여기에는 여러 가지 이유가 있다. 강연이나 연설하는 중에 기억해내기 어려운 특정한 생각을 써두면 도움이 되고, 글을 쓰는 과정을 통해 복잡한 생각을 논리적으로 전개할 수 있기 때문이다. 즉흥적으로 복잡한 생각을 논리적으로 전개하기란 여간 어려운 일이 아니다.

이런 전통은 처음 탄생한 기원전 4세기 아테네에서는 상당히 훌륭한 조언이었을 것이다. 하지만 오늘날 이 가르침을 그대로 따른다면 자칫 목적에 맞지 않는 잘못된 조언이 될 수도 있다. 내가 살아오면서 깨달은 것은, 소피스트의 가르침이 그 이름처럼 '궤변 sophistication'이 될 가능성을 염두에 두어야 한다는 것이다.

생각을 말로 표현하기 전에 글로 써보는 행위는 내가 평생을 보낸 학계에서도 당연하게 여겨진다. 학자들은 강연도 하고 글도 쓰지만, 강연보다 글을 훨씬 더 중시한다. 글을 중요하게 생각하는 건 학자들만이 아니다. 법조계와 경영계에서도 말보다 글을 훨씬 더 높이 평가한다. 계약서를 떠올려보면 이 말이 쉽게 이해될 것이다. 하지만 이런 직관적 판단이 과연 옳을까. 걷기와 날기가 완전히 다른 교통수단이듯이, 말과 글은 완전히 다른 소통 수단이다. 내가 이런 깨달음을 얻은 건 1980년대 초반으로, 이른바 '학술 강연'이라는 것을 처음 준비할 때였다.

그 강연은 사실 미리 준비한 원고를 읽는 수준에 불과했다. 20대에 박사과정에 재학 중이었던 나는 40분짜리 강연을 해본 적이 없었다. 게다가 강연을 위해 피츠버그부터 덴버까지 무려 2천 킬로미터를 날아가야 했다. 나는 '캘리포니아 산들 바람'이라는 낭만적인 이름의 기차에서 하루 반을 보내며, 휴대용 타자기로 원고를 작성했다. 그때는 비행기보다 기차가

미대륙을 횡단하는 보다 저렴한 교통수단이었고, 타자기가 문서를 작성하는 가장 효율적인 수단이었다. 당시 내가 기차에서 타자기로 원고를 치는 모습은 주변 승객들에게 즐거운 광경은 아니었을 것이고, 자판 두드리는 소리도 달콤하게 들리진 않았을 것이다.

강연이 시작되자 나는 원고를 빠른 속도로 읽어내려갔다. 원고를 작성한 지 얼마 지나지 않았기에 내용이 어떻게 흘러가는지 거의 기억할 수 있었다. 강연은 상당한 호응을 얻었다. 그런데 강연이 끝나고 질의응답 시간에 나는 강의 내용의 단편적인 부분들만이 청중에게 전달되었다는 걸 깨닫게 되었다. 제대로 전달되지 못한 부분은 그들 각자의 관심과 노력을 통해 보충해야만 하는 상황이었다. 다행히 질의응답 시간을 통해 청중이 이해한 작은 부분과 실제로 중요한 부분을 연결해줄 수 있었다. 나는 그날 이후 학술 강연에서 질의응답이 가장 중요한 시간이라고 믿게 되었다.

특히 학자가 미리 준비한 원고를 읽을 때는 더욱 그렇다. 노련한 학자가 그 분야에서 상당한 지식을 갖춘 청중을 상대로 강연하는 학술회의의 경우에도 다를 바가 없다. 강사와 청중의 상호관계는 마치 대인관계의 연습처럼 보인다. 양쪽 다 멍청하게 보이기를 원치 않기에, 강연 후 질의응답 시간에는 체면을 지키기 위한 허튼소리가 오가는 경우가 적지 않다. 그래서 많은 강연자들이 질의응답 시간을 귀찮은 대인관계의 하나쯤으로 생각한다. 강연하는 동안 내용을 제대로 이해하지 못한 청중에게 원래의 메시지를 반복해서 전해주는 기회로만 생각하는 것이다.

이런 현상을 지켜보면서, 나는 말과 글이 각각 다른 목적에 부응하는 다른 행동이기 때문에 다른 기준을 적용해야 한다는 결론을 내렸다. 연극이나 음악처럼 말과 글이 생산적으로 연결되는 경우도 있다. 악보나 각본은 글에 해당하고, 공연은 말에 해당한다. 글과 말은 상생 관계이지만, 그 행위로 인한 예술적 결과물은 전혀 다르다. 극작가와 배우는 극장에서, 작곡가와 연주자는 공연장에서 같은 비중으로, 그러나 다른 관점으로 평가받는다.

하지만 더 넓게, 소통 수단으로서의 말과 글의 차이에 대해 말하고 싶다. 글쓰기는 혼자만의 행위이며 자신에게 몰두하는 과정이다. 글쓰기의 청중은 자신의 마음속에 있다. 글쓰기의 결과물이 상당히 명확하고 정교하더라도, 작가의 사고과정을 따라갈 수 없으면 글의 내용을 정확히 따라잡기는 쉽지 않다. 반면 말하기는 공개 지향적인 과정으로, 청중을 바라보며 이루어진다는 점에서 글과는 다르다. 강사는 상대적으로 짧은 시간에 장황하게 말을 늘어놓고, 강연이 끝나면 곧바로 청중의 반응을 마주하게 된다.

위대한 작가가 곧 위대한 강사는 아니며, 위대한 강사가 위대한 작가가 되는 것도 아니다. 학계에서는 말보다 글을 더 우대하지만, 대중문화는 그렇지 않다. 예컨대 연극계와 음악계에서는 노래를 작곡하고 대본을 쓰는 사람들보다 가수와 배우가 더 유명하지 않은가. 한편 법조계와 경영계는 공식적으로는 계약서라는 문서에 상당한 중요성을 부여하고, 동시에 말솜씨가 뛰어난 사람, 즉 법정 변호사와 영업사원에게도 상당한 가치를 부여한다. 그렇다고 내가 글쓰기의 가치를 낮게 보려는 건 아니다. 지금껏 나는 21권의 책과 수백 편의 글을 썼다. 하지만 글쓰기와 말하기 훈련을 따로 했던 것이 다행이라고 생각한다.

글쓰기의 경우, 나는 각각의 단어들을 사용하기 전에 그것이 옳은지 그른지, 합리적인지 아닌지, 차례로 따져보고 선택하는 법을 배웠다. 일반적으로 글쓰기는 앞에 썼던 내용을 살펴보지 않고서 즉흥적으로 완벽하게 해내기 어렵다. 같은 말을 반복하는 글이라면 대충 훑어보는 것만으로도 정독하는 것을 대신할 수 있을 것이다. 그러나 반복은 글쓰기에서 미덕이 아니라 악덕으로 여겨지고, 심지어는 표절로 취급되기도 한다. 글을 쓸 때는 각각의 문장에 독창적인 생각을 담아내야 하며, 독서는 글이 그렇게 쓰였다는 전제하에 이루어지는 행위이다.

한편 말하기의 미덕은 사뭇 다르다. 반복이 용인될뿐더러 청중의 머릿속에 어떤 생각을 심어주기 위해 권장되기도 한다. 어렸을 때 연설문, 시와 노래를 암송하는 법을 배우면서 이런 요령을 처음 깨달았다. 구조화된 연설문과 시와 노래는 결국 목소리로 수행될 목적에서 쓰인 것이기 때문에 반복적으로 나타나는 '주제'와 '후렴' 그리고 '합창'이 있기 마련이다. 만약 피아노 연주곡의 악보가 연주자가 외우기에 지나치게 복잡하다면 악보를 보면서 연주해야 하기 때문에 자신의 수준보다 낮게 연주할 수밖에 없다. 현대음악이 어렵다고 하는 이유가 여기에 있다. 20세기 들어 공연 지향적인 특징이 많이 사라지면서 악보가 보다 복잡해졌기 때문이다.

글쓰기에 비하면 말하기의 미덕은 훨씬 뚜렷하다. 연설문과 시와 노래를 학교 숙제로 암기할 때 나는 즉흥적인 표현은 거의 하지 않았다. 특정한 청중, 즉 선생님에게 요점을 전달하기 위해서 어떤 단어와 구절에 강세를 두어야 하는지 미리 결정해야 했기 때문이다. 암송을 매끄럽게 해내기 위해서 원래의 문장을 약간 변형하고 싶은 경우에는 청중이 그런 즉흥성을 달갑게 생각하지 않을 수도 있으므로 기술이 필요하다. 내가 그럴 때마다 얼굴을 찌푸리시던 선생님의 모습이 기억에 생생하다.

시간이 지나면서 나는 글쓰기와 말하기 사이의 위험 지역인 **즉흥성이야말로 창의성의 진정한 도가니**라고 믿게 되었다. 글쓰기와 말하기를 둘 다 잘하면 더할 나위 없이 좋겠지만, 결국 두 능력은 비교되기 마련이다. 즉흥성에 바탕을 둔 가장 확실한 예술로는 재즈가 있다. 위대한 재즈 연주자는 단순히 하나의 악보를 신나게 연주하는 수준을 뛰어넘는다. 여러 악보를 결합함으로써, 개별적으로 연주했을 때는 도저히 상상하기 어려운 놀라운 결과를 빚어낸다. '강의'도 재즈 못지않게 즉흥성이 필요한 일이다. 재즈의 원칙을 강의에 적용해보자면, 하나의 강의에서 다양한 글을 섞어 읽게 하면 보통 때는 명확히 보이지 않는 상호관련성을 파악할 수 있다. 물론 내 강의에 참석해 이런저런 글들을 어떻게 엮어내는지 직접 경험해보아야 한다는 전제 조건이 따르지만 말이다.

글쓰기와 말하기를 별개의 행위라고 생각하면, 앞으로 글쓰기와 말하기 방식이 달라질 것이다. 글쓰기는 더욱 간결해지고 압축되어 무의미한 음이 하나도 없는 악보와 유사해질 것이다. 반면, 말하기 능력은 크게 확대되어 끝없이 이야기를 풀어내는 이야기꾼에 버금가게 될 것이다. 이 때문에 사람들의 평가가 극단적으로 갈릴지도 모른다. 일반적으로 내 글은 무척 까다롭지만, 강연은 편하게 이해할 수 있다는 평가를 받는다. 나는 사람들이 이런 방향을 추구해야 한다고 믿는다.

즉흥성은 공연 말하기 과 관련된다. 즉흥적인 공연을 보면서는 참신하다는 느낌 외에 거기에 담긴 창의성을 정확히 뭐라 표현하기 어렵다. 그러나 음향과 영상 기술의 발달이 이런 즉흥 공연을 '표본'으로 전환하는 데 큰 역할을 했고, 이후 많은 사람들이 그것을 바탕으로 연구할 수 있게 되었다. '예술가의 경지'라고 불리는 그런 표본이 우리가 목표로 삼아야 할 기준이 된다. 하지만 당연히 현재의 공연과 과거의 공연이 같아서는 안 된다. 우리가 하는 말은 항상 녹음할 만한 가치가 있어야 한다. 글로 써놓은 것을 읽는 것이 아니라, 글로 옮겨 쓸 만큼 가치 있는 강연이 되어야 한다.

브라이언 데트머
기존 매체를 활용한 비주얼아트 작품을 만드는 현대미술 작가.
스미스소니언미술관, 시카고미술관, 하이미술관 등에 작품 전시.

작업실을 떠나지 마라

내 삶과 작품 활동, 커리어에서 가장 중요한 습관을 하나 꼽는다면, 바로 작업실을 지키는 것이다. 영감이 떠올랐을 때만 작업실에 있는 것이 아니라 영감이 떠오르기 전에도, 영감이 떠오르고 한참이 지난 후에도 작업실에 머문다. 다시 말해 '영감'이라는 신화를 받아들이지 않는 것이다. 아이디어가 떠오르기 전에도 후에도 나는 그냥 일한다.

간단해 보이지만 나의 성공 습관은 작업하기, 작업하는 것을 좋아하기, 작업할 필요성을 느끼기, 작업하고 싶지 않을 때도 작업에 매진하기였다. 예술을 직업으로 삼으려면 예술을 하나의 직업으로 대하며 정해진 시간표에 따라 규칙적으로 일해야 한다. 때로는 초과근무도 마다하지 않아야 한다.

예술가에 대한 묘사는 흔히 다음과 같다. 예술가에게는 영감이 중요하기 때문에 밤늦게까지 자지 않고, 며칠 동안 술을 마시며 영감을 얻으려고 몸부림치다가 갑자기 번갯불에 얻어맞듯이 영감이 떠오른다. 펑! 영감이 찾아왔다! 예술가는 영감의 흐름을 따라 위대한 작품을 창조해낸다. 작품을 마무리한 후에는 커피숍이나 술집에서 빈둥대며 다시 번갯불이 자신을 때려주기를 기다린다.

열망과 낭만으로 가득한 멋들어진 이야기이다. 이런 신화는 예술가뿐만 아니라 예술 애호가들까지 오랫동안 혼란에 빠트리고 속여왔다. 낭만이라고는 전혀 없는 소리처럼 들리겠지만 예술 활동도 다른 직업 활동과 거의 비슷하다. 다른 직장인과 마찬가지로 일하고 싶지 않은 날도 있고, 정서적으로나 영적으로 또 육체적으로 진이 다 빠진 듯한 날도 있다. 침체되어 있거나 일이 아닌 다른 것을 하고 싶은 날도 물론 있다. 예술이 다른 직업과 다른 점이 있다면, 적어도 어떻게 하라고 지시하는 상관이 없다는 점이다. 정시에 출근해서 정해진 시간만큼 책임지고 일하라고 말하는 사람도 없다. 영감과 아이디어가 필요한 것은 사실이지만, 어떤 유혹이 닥치더라도 한 가지를 끈질기게 계속할 정도의 절제력도 중요하다.

회사에서 일하는 아내는, 원칙적으로 아홉 시부터 다섯 시까지 일하지만 때로는 그 이후에도 연장근무를 한다. 딸은 아홉 시부터 다섯 시까지 학교 수업을 듣고, 방과 후에는 다른 수업에 열중한다. 나도 아홉 시부터 다섯 시까지 진짜 직업 활동과 마찬가지로 창작 활동에 열중한다. 여기에서 내가 '진짜' 직업이란 표현을 사용한 이유는, 예술가는 자기의 아이디어를 얻기 위해 작품과 씨름하며 성공을 향해 한 걸음씩 다가가야 할 뿐만 아니라, 예술 활동이 무가치하거나 불필요하다고 말하는 사회 분위기와도 맞서 싸워야 하기 때문이다.

대다수의 사람들이 예술 활동을 여윳돈으로 한가한 시간에 행하는 사치스러운 부르주아적 행위에 가까운 것으로 여긴다. 하지만 결코 사실이 아니다. 나는 직업 예술가이다. 생계를 꾸리는 동시에 다른 사람들과 아이디어를 공유하는 관계를 맺어야 한다. 이것이 또 하나의 신화로 들릴지 모르겠지만 사실이다. 영감은 방랑자를 때리는 번갯불처럼 순간적으로 찾아오는 것이 아니라, 예술가가 끊임없이 놓치지 말아야 할 물 바다의 흐름과 같다. 영감은 예술가에게 자극을 주는 데 그치지 않고 작업을 계속하도록 독려하기도 한다. 번뜩이는 영감에 처음 자극을 얻더라도, 작품의 완성을 위해서는 열심히 노를 저어야만 한다. 결국 **위대한 예술가를 낳는 것은**

재능이 아니라 단호한 결의와 절제력이다.

  영감과 마찬가지로 재능도 문학과 영화 덕분에 오래전에 만들어진 또 하나의 낭만적인 신화이다. 신으로부터 천부적인 재능을 내려받은 예술가가 태어나고, 그는 그 재능을 활용해서 찬란한 빛을 널리 퍼뜨린다는 흔하디흔한 이야기를 우리는 귀에 딱지가 앉을 정도로 들었다. 나는 재능이 피드백이나 뫼비우스의 띠와 비슷하다고 생각한다. 만약 당신이 어떤 과목에 무척 관심이 많다면, 그 과목에 주력함으로써 관련된 능력이 향상될 것이고 거기에서 보람을 느낄 것이다. 그럼 그 과목에 더 많은 시간을 투자하고, 그 결과 능력과 보상이 더욱 커질 것이다. 혹은, 당신에게 상대적으로 쉽게 느껴지는 과목이 있을 수도 있다. 그 과목에 집중하면 재미를 느끼고 더 많은 보상이 돌아온다. 그러한 집중이 관심으로 발전하고, 그렇게 되면 능력도 향상되기 마련이다. 쉽다고 느끼는 것도 재능이겠지만, 그 분야에 더 많은 관심을 기울이고 집중한 다음에야 그렇게 말할 수 있을 것이다.

  나도 어렸을 때는 영감이라는 신화를 믿었다. 예술가가 되면 일반적인 근로자들과 다른 삶을 살 거라고 생각했다. 그 생각은 맞았다. 더 편하게 일한다거나 여가가 더 많다는 점에서가 아니다. 예술가의 삶은 정시에 출퇴근하는 사람의 삶보다 더 힘들고, 일정표에서 벗어나기 일쑤이며, 더 많은 에너지를 쏟아부어야 한다는 점에서 그렇다. 나는 일탈을 용납하지 않는다. 일하고 싶은 기분이 안 들 때도 일해야 한다고 스스로 채찍질한 것이 성공의 주된 요인이었다. 좋든 싫든 내 예술은 물리적인 결과, 즉 내가 작품에 투자한 노력의 결과로 구체적으로 나타나고 평가받기 때문이다.

작업실을 지키는 습관은 예술가가 되려는 사람에게 필수 조건이다. 낭만적 신화의 찌꺼기까지 완전히 떨쳐내기 위해서는, 스스로 일하며 새로운 아이디어를 찾아내려는 사람에게 이런 습관이 무엇보다도 중요하다는 것을 깨달아야 한다. 이 습관을 지키고 최우선시해야 한다. 잠깐씩 휴식을 취할 수는 있다. 휴식을 취하는 동안 기막힌 아이디어가 떠오르는 때가 적지 않은데, 그것은 열심히 일하는 동안 머릿속에 파놓은 통로를 통해 좋은 아이디어들이 흘러들기 때문이다.

자신을 위해 꾸준히 일하라. 영감이 떠오르지 않을 때도, 내가 열심히 일하는지 감시하는 상사가 없을 때도, 보상을 받지 못할 때도 묵묵히 작업을 계속해야 한다. 왜냐하면 그것이 미래의 어떤 작품이나 아이디어로 이어질 수 있기 때문이다. 사람들이 나의 작업을 아무런 가치도 없는 미친 짓으로 보더라도 말이다. 나의 작품이 어떻게 인식되는지 살펴보고, 작업할 때나 구상할 때 그런 인식을 참고할 수도 있을 것이다. 하지만 그저 빈둥거리며 영감이 떠오르기를 기다려서는 안 된다. 영감은 번갯불처럼 갑자기 찾아오는 게 아니다. 하늘에서 떨어지는 것도 아니다. 내면에서부터 떠올라 서서히 자라나 비로소 표면에 드러나는 것이다. 어쩌면 바로 당신 옆에 있는데도 알아차리지 못했을 수도 있지만, 작업을 계속한다면 영감은 반드시 찾아온다.

작업실을 떠나서는 안 된다. 예술을 직업으로 삼고 싶다면 예술을 하나의 직업으로 대해야 한다. 다른 곳에 가고 싶은 욕망을 이겨내고, 의혹을 떨쳐내라. 실패를 허용하라. 실패를 부끄럽게 생각하지 말고 실패로부터 배워야 한다. 다른 사람들에게 기꺼이 배우되, 그들의 뒤를 무작정 따르지 마라. 스스로 앞길을 개척하고 밀고 나가라. 계속해서 노를 저을수록 노 젓기가 한결 쉬워지고, 물길의 흐름에 온몸을 내맡길 수 있는 법이다. 하지만 언제라도 불쑥 나타날 수 있는 장애물을 경계하며 조심하라. 절대 손에서 노를 놓지 말고 계속 저어야 한다. 재능이라는 헛된 신화에 속아서는 안 된다. 하늘에서 영감이 떨어진다는 신화가 이루어지기를 기다려서도 안 된다. 끊임없이 생각하고 꾸준히 작업하라. 그러면 영감이 당신의 내면에서 무럭무럭 자라 모습을 드러낼 것이다.

데이비드 솅크

작가이자 강연자이며 영화 제작자.

《우리 안의 천재성》,《불멸의 게임》등의 저자.

적당한 시간이라는 건 없다

나는 뭔가를 받아들이는 데 느린 편이다. 6년 사이에 두 사건을 겪고서야, 내 삶과 이력에서 가장 중요한 습관을 가지게 되었다. 첫 번째 결정적인 사건은 대학교 4학년 때 일어났다. 나의 영웅 톰 울프 Tom Wolfe 를 인터뷰할 기회가 있었다. 톰 울프는 《전기 쿨에이드산 테스트》와 《좌파 그리고 대변인 위협하기》 등으로 1960~70년대 문학적 논픽션을 재창조하는 데 큰 역할을 한 작가였다.

그의 글쓰기 방식에 완전히 사로잡힌 나는 그의 뒤를 따르고 싶었다. 나의 글쓰기 전략은 하나뿐이었다. 재미있고 기발하게 쓰기. 재미있고 엉뚱한 작가가 되기 위해 수년간 훈련했다. 머릿속에 떠오른 생각이면 무엇이든 써놓고 의자에 기대 앉아, 마법의 손끝에서 탄생한 단어들을 스스로 감탄하며 바라보았다. '전기처럼 짜릿한 문체가 마음에 드는군!' 나는 나 자신에게 감동하곤 했다. 내 문체는 톰 울프의 문체처럼 박력 있게 보였다.

톰 울프가 우리 학교에서 강연한다는 것을 알게 되자, 그를 인터뷰할 기회를 놓칠 수 없었다. 내가 코네티컷의 공중전화 부스에서 그 인터뷰를 어떻게 진행했는지에 대해서는 여러분의 상상에 맡기겠다. 덩치 큰 배달기사가 험악한 표정으로 바로 뒤에서 부스를 두들겨댔지만, 나는 대화에 집중하려 애쓰며 톰 울프에게 미리 준비한 질문들을 차례로 던졌다. 이상한 대화였다. 질문을 던질 때마다 그는 자신의 저서에 나온 이야기들로 답을 해주었다. 내가 이미 다 읽은 것이었다. '이상한데? 왜 내가 모르는 이야기는 해주지 않지?'

전화를 끊고 나서야 이해가 되었다. 그 밖의 다른 이야기란 없었다. 그가 평생을 통해 느낀 가치 있는 생각들을 하나도 빠짐없이 책에 담아냈기 때문이다. 그는 다른 일을 하면서 한가한 틈에 놀라운 작품들을 써낸 것이 아니었다. 쉽사리 재치 있고 기발한 책을 쓴 것이 아니었다. 그는 새로운 책을 내놓을 때마다 혼신의 열정을 쏟아냈다. 문장과 단락을 다듬고 손질하며 수년을 보냈다. 자신의 기준에 흡족해질 때까지 고치고 또 고쳤다. 그는 마법의 작가가 아니었다. 위대한 작품을 낳는 데 필요한 시간과 노력과 인내를 쏟아부을 뿐이었다. 누구나 알고 있는 교훈이었다.

그로부터 6년이 지나, 나는 프리랜서 작가로 살아가게 되었다. 일은 그럭저럭 원만하게 진행되고 있었지만, 꿈꿨던 만큼 독자들에게 엄청난 영향을 미치지는 못했다. 꽤 매력적인 글이라는 평가를 받았지만, 내가 원하는 수준에는 미치지 못했다.

나는 《워싱턴포스트》의 '전망' 난에 함께 글을 기고하는 마셜 블론스키 Marshall Blonsky 라는 작가와 친해져 이따금 서로 의견을 주고받았다. 어느 날 오후, 그와 통화를 하던 중 들었던 한마디가 그 후 20년 가까이 내 글쓰기의 방향에 결정적인 영향을 미치게 되었다.

"마셜 씨, 어떻게 지내세요?"

"잘 지내지. 요즘은 어떤 작업을 하고 있나?"

"이런저런 일을 하고 있어요. 《스파이》에 기고할 글도 쓰고, 록밴드 그레이트풀 데드 Grateful Dead 에 대한 책도 준비하고 있고요. 선생님은 어떻게 지내세요?"

"린든 존슨 Lyndon Johnson 에 대한 글을 쓰고 있네. '전망'에 기고하려고."

"아직도요? 똑같은 글을 6개월째 쓰고 계시는 겁니까?"

"거의 8개월은 됐을걸."

그의 대답이 전혀 이해되지 않았다. 나는 일간신문에 기고하는 글을 쓰는 데 며칠 이상을 투자한다는 생각을 해본 적이 없었다. 신문은 다음 날이면 낡은 것이 되지 않는가. 신문의 글은 지속되는 것이 아니었다. 누구도 신문을 책장에 꽂아두지 않는다. 반면에 책은 오래가기 때문에 1년 정도 정성을 기울여야 하는 것이었다. 잡지에 기고하는 글은 내 기준에 따르면 그 중간쯤이었다. 잡지는 책꽂이에서 어느 정도 수명을 누리기 때문에, 몇 개월 정도는 투자할 가치가 있었다.

의식적으로 생각한 것은 아니지만, 나는 하나의 프로젝트에 소요되는 적절한 시간에 대한 나름의 규칙을 세워두고 있었던 셈이다. 투자할 시간은 해당 매체가 책꽂이에 머무는 시간과 비례했고, 원고료도 무시할 수 없었다. 원고료가 높을수록 작가가 투자하는 시간도 늘어나는 것이 당연해 보였다. 그런데 《워싱턴포스트》가 기고자에게 지급하는 원고료는 기껏해야 몇 백 달러 정도였다. 마셜은 나의 규칙과는 완전 다른 행동을 하고 있었다.

"언제쯤 그 원고를 끝내실 계획이세요?" 내가 물었다. 마셜은 잠시 망설이더니 "완성되는 날까지 해야겠지"라고 대답했다. 뒤통수를 얻어맞은 기분이었다. 내 생각과 충돌했지만, 완벽한 지혜가 담긴 말이었다. 왜 나는 임의로 정한 시간표에 맞춰서, 또는 남들이 정한 경제적 가치에 따라서 원고를 서둘러 끝내려 했을까? 글은 진실을 전달하고, 중요한 생각을 명확하게 표현하며, 사람들의 삶에 진정한 영향을 미치는 이야기를 하기 위해 존재한다. 그런데 왜 진정으로 준비가 되기도 전에 글을 끝내려 한다는 말인가?

그날부터 나는 새로운 마음가짐과 새로운 습관을 받아들였다. 시계를 훔쳐보던 습관을 버리고, 작품의 질에만 집중하기 시작했다. 책꽂이에 머무는 시간이나 원고료와 상관없이, 글이 끝나는 때를 결정하는 것은 순전히 그 글의 질이었다. 오늘의 신문이 내일이면 생선을 싸는 포장지로 쓰일 수 있다. 하지만 신문기사의 잘 쓰인 한 문장은 어떤 사람의 삶을 바꿔놓을 수도 있다. 잘 쓰인 트위터 메시지 하나가 혁명의 불씨가 될 수도 있고, 갈고닦은 어떤 논의가 국법을 바꿀 수도 있다. 훌륭한 시론 한 편이 독자의 마음을 움직여 완전히 다른 세계관으로 이끌어갈 수도 있다.

젊은 작가들이 나에게 항상 하는 질문이 있다. 책 한 권, 글이나 기사 한 편을 쓰는 데 어느 정도의 시간을 투자하는 게 적당하냐는 것이다. 적당한 시간이라는 것은 없다. 굳이 대답하자면, 걸리는 시간만큼 걸린다. 마셜과 운명적인 대화를 나눈 이후, 나는 책 기획서를 작성하는 데만 꼬박 1년을 보냈고, 한 푼의 강의료도 없는 테드 강연을 준비하는 데 6개월을 보냈다. 또 적절한 표현을 사용해 정확한 뜻을 전달하기 위해 한 단락을 몇 주 동안 다듬은 적도 많다.

'완벽주의'는 바람직하지 않은 단어이다. 완벽주의라는 단어에는 균형감을 상실한 채 강박적으로 어떤 프로젝트에 집착하고, 도저히 달성할 수 없는 목표를 돈키호테식으로 추구한다는 뜻이 함축되어 있다. 또 논리적으로 사고하지 못하고, 정상에서 벗어난 것처럼 보인다. 요컨대 위대한 일을 할 능력이 없는 사람들이 위대한 일을 성취하려 하는 경우를 가리키는 말이다. 그렇다면 위대함은 어떻게 탄생하는 것일까?

정말 놀라운 것, 이전에는 존재하지 않았거나 행해지지 않은 것을 창작해내거나 이루어내고 싶다고 해보자. 정말 그런 마음을 품었다면, 그 작업을 얼마 동안, 몇 살이 될 때까지 해야 한다는 건 없다. 성공할 때까지 해야 한다. **시도하는 과정을 즐기며, 그 과정에서 수많은 실패를 거듭할 가능성을 인정해야 한다.** 목표를 달성하지 못할 수도 있지만, 작업의 질을 높이는 과정에 온 힘을 다 쏟아야 한다. 이것은 완벽주의가 아니라, 평범함을 벗어나려는 열정적인 노력이다.

지금까지 많은 실패를 맛보았고, 잘못된 시작을 하기도 했고, 몇 주간 진도를 나가지 못한 적도 있었다. 그러나 내 작품을 위해 그렇게 쏟은 시간을 조금도 아깝게 생각하지 않는다. 그토록 불규칙한 일정표를 가지고 지금까지 어떻게 밥벌이를 했느냐고? 이 질문에 답하려면 또 한 편의 글을 써야 하겠지만, 짤막하게 대답하면 '질을 최우선으로 추구하면 보상은 자연스레 따라온다'라고 믿었기 때문이다. 그리고 그 믿음은 나를 배신하지 않았다.

세스 쇼스탁

캘리포니아 외계지적생명체 탐사본부(SETI) 연구소 수석 천문학자이자 연구소장.
《우주 생명 이야기》 등의 저자.

아이디어 숙성의 요령

나는 창의력을 요구하는 일을 한다. 이런 직업의 특권은 일이 빡빡하지 않고 느슨한 편이라는 점이다. 대신 나쁜 점도 있다. 언젠가 창의력을 상실하고 쓸 만한 아이디어가 다 고갈되어버릴까 봐 두렵다.

그런 상황이 실제로 닥친다면 얼마나 섬뜩할까? 책상에 앉아 맛없는 커피를 홀짝이며 머리를 열심히 굴려보지만 흥미로운 아이디어를 하나도 떠올리지 못한다. 뉴런을 부지런히 활성화해보아도 괜찮은 멜로디가 나오지 않는다. 동료들은 사장이 나를 고용한 이유, 즉 새롭고 기발한 것을 고안해내는 능력이 사라졌다는 걸 눈치채지 못하고, 내 옆을 지나가며 평소처럼 다정한 미소를 던진다. 누구보다 독창적이고 창의적이던 내가 한낱 장식품으로 전락했다는 걸 아무도 이해하지 못한다. 어쩌면 장식품조차 되지 못할지도 모른다.

이런 악몽에 시달린 끝에 나는 버려진 황무지로 내쫓길 것을 미연에 방지할 습관을 마련했다. 언제라도 나의 창의력을 원활하게 작동시킬 방법을 생각해낸 것이다. 마치 엔진오일 첨가제처럼 창의력과 관련된 두뇌의 엔진을 끊임없이 돌아가게 하는 습관은, 바로 **아이디어가 저절로 익을 때까지 기다리는 것이다.**

소고기 요리법을 떠올릴지도 모르겠지만, 창의력을 요리하는 과정에는 정해진 레시피가 없다. 내가 흔히 부딪히는 문제는 이런 것이다. 종종 연구 분야와 완전히 동떨어진 주제의 글을 써달라고 청탁받는 경우가 있다. 출판사에게는 그 별난 주제가 흥미로울지 몰라도, 나는 그 주제에 관해 18세기 불가리아 식탁 예절보다도 아는 게 없을 때도 있다. 이런 원고 청탁을 받으면 누구나 창의력에 도전을 받을 수밖에 없다. 허둥대고 차일피일 미루다가, 마감 시간을 앞두고 그때그때 떠오르는 생각들을 대충 꿰맞추기 십상이다. 전에 내가 써먹던 방식이었는데 그렇게 일한 결과는 전혀 만족스럽지 않았다.

내가 생각해낸 습관에는 이처럼 허둥대고 부산을 떠는 과정이 필요 없다. 주어진 일은 마감을 몇 주 전부터 생각하기 시작해서 그 문제에 익숙해진다. 마감일을 하루 앞두고 형편 없는 원고를 쓰며 불쾌한 시간을 보내는 대신, 몇 주를 앞두고 10분씩 원고에 대해 생각하며 그때그때 떠오르는 아이디어를 적어둔다.

이 방법이 모두에게 효과가 있을지는 모르겠지만, 방법 자체가 중요한 것은 아니다. 마감일을 한참 앞두고 원고에 대해 생각하며 그때그때 떠올린 아이디어를 적어두는 것만으로도 큰 장점이 있다. 첫째, 원고를 본격적으로 쓰기 시작한 것은 아니지만 여하튼 원고를 향해 발걸음을 떼기 시작한 것이다. 새로운 것을 써내야 한다는 거대한 심리적 장벽, 게으름이라는 축축하고 곰팡이가 낀 벽이 무너지는 것이다. 둘째, 잠재의식의 회로망이 작동하기 시작해, 며칠 혹은 몇 주 동안 그 아이디어들을 생각하고 또 생각하며 세련되게 다듬어갈 수 있다.

문제를 마음속 깊은 곳에 담아두면 추가적인 자료들을 준비할 수 있게 된다. 평범한 사람도 누구나 해낼 수 있다. 요령은 자질구레한 일상의 잡일들과 대뇌피질 사이에 새로운 아이디어들이 파고들 수 있도록 하는 것이다. 다시 말해 돌파구를 찾아야 한다. 세금을 정리하거나 무언가를 암기하는 것과는 달리, 오랫동안 집중해서 일해야만 돌파구를 찾을 수 있는 것은 아니다. 사람들은 흔히 '어떤 아이디어가 순간적으로 떠올랐다'라고 말한다. 실제로 어떤 깨달음이나 통찰은 갑자기 머릿속에 떠오르는 법이다. 나는 이런 아이디어들이 감추어진 곳에서 부글부글 끓고 있다가, 관심이 집중될 때 폭발적으로 떠오르게 만든다.

마음속에서 다람쥐가 쳇바퀴를 굴리지 않는 막간을 최대한 이용하는 것이다. 일이나 사적인 문제들을 생각하지 않는 짧은 순간들, 가령 잠들기 직전이나 뜨거운 물이 쏟아지는 샤워기 아래에 서 있을 때 말이다. 그럴 때는 삶을 끊임없이 괴롭히는 짜증스러운 것들, 시끄럽게 울리는 텔레비전 소음이나 대화 따위가 순간적으로 멈추곤 한다.

나는 다른 곳에서도 이런 시간 못지않게 좋은 기회들을 찾아낸다. 예를 들면, 호텔 식당에서 아침 식사를 기다릴 때나 기차를 타고 일하러 갈 때와 같은 시간이다. 아무것도 하지 않는 잠깐의 시간이면 충분하다. 대부분의 사람들은 그런 틈에조차 스마트폰으로 사회적 관계를 맺느라 여념이 없다. 그러나 이는 정신적으로 나태한 모습이기도 하다. 나는 이런 상황에 여러 가지 생각과 교감하고, 순간적으로 떠오르는 아이디어들을 냅킨이나 종잇조각에 적어두는 것이 훨씬 유익하다는 사실을 깨달았다.

몇 분에 불과한 자투리 시간이지만, 이때 쓰려는 글의 주제에 정신을 집중한다. 그럼 양쪽 귀 사이에 자리 잡은 뇌가 스펀지처럼 한두 개의 새로운 아이디어를 어김없이 내놓는다. 하찮고 쓸모없는 아이디어일 때도 많지만, 모두 그런 건 아니다. 조금이라도 괜찮아 보이는 것이면 무엇이든 기록해둔다. 아이디어는 꿈과 비슷해서 떠오르는 속도만큼이나 신속하게 심연으로 가라앉기 때문이다.

이렇게 한 주 동안 뚜렷한 정신적 노력도 없이 즉석에서 떠올린 아이디어들을 수집한 후, 키보드 앞에 앉아 그 아이디어들을 그럴듯한 이야기로 짜 맞춰본다. 이 작업은 신속하게 해치운다. 최대한 짧은 시간 내에 글을 완성하려고 노력한다. 이렇게 작업해야 이런저런 생각을 어설프게 짜깁기한 글이 아니라, 전체적인 짜임새가 논리 정연한 글이 된다. 단편소설 모음이 아니라 한 편의 장편소설처럼 읽힐 수 있다.

이 작업을 할 때는 딴 데 정신을 팔아선 안 된다. 말이야 쉽지만 실천하기는 무척 어렵다. 컴퓨터로 글을 쓸 때는 마우스 클릭 한 번으로 다른 곳에 정신이 팔릴 수도 있기 때문이다. 나는 헤드폰을 쓰고 교향곡을 들으며 그런 유혹을 이겨낸다. 내 경우에는 음악을 듣는 동안은 과제에서 정신이 벗어나는 것을 예방할 수 있었다.

　이렇게 초고를 대략 끝낸 후에는 초고를 한쪽에 치워두고 숙성되도록 놓아둔다. 적어도 이틀 정도는 그 원고에 대해 전혀 생각하지 않는다. 이런 휴식기가 지난 후에 초고를 다시 읽어가며 비어 있는 틈을 다양한 사실과 전문적인 사항으로 채워간다. 이 단계의 주된 과제는 내가 쓴 초고에 논리성을 더하며 의미가 통하도록 조절하는 것이다. 나만 이해할 수 있는 글이 아니라 누구에게나 뜻이 통하는 글이 되어야 하기 때문에, 원고를 다른 사람에게 꼼꼼히 읽어달라고 부탁한다. 가능하면 나만큼이나 글의 주제에 익숙하지 않은 사람에게 부탁한다. 그래야 설명이 부족하거나 가정이 명확히 전제되지 않는 경우를 민감하게 지적받을 수 있기 때문이다. 주로 아내에게 부탁할 때가 많다. 나의 글을 냉정하게 평가하며, 노력이 부족한 경우 솔직하게 말해줄 수 있는 사람이기 때문이다.

　이런 외부의 평가까지 글에 반영하면, '임무 완료'라는 현수막을 내걸 수 있는 단계에 들어선 것 같지만 아직이다. 무척 중요한 한 단계가 남아 있다. 다시 한번 나는 그 글을 한쪽에 밀어두고 잊으려 애쓴다. 문자 그대로! 며칠이 지난 후, 그 글을 다시 펼치면 사소한 부분들을 잊은 상태이므로 멀리 떨어져서 객관적으로 그 글을 읽게 된다. 이 단계가 창의성을 발휘하는 마지막 단계이다. 이때 문법과 선택된 단어를 점검하고 문장을 매끄럽게 다듬는다. 아주 작은 차이지만, 나중에 돌이켜봤을 때 아주 고마운 차이를 만들어내곤 한다.

이처럼 글쓰기를 비롯한 프로젝트를 무르익게 놓아두는 습관에는 여러 이점이 있다. 우선 창조적 행위를 작은 단위로 분해함으로써 새롭고 기발한 것을 만들어내야 한다는 고통을 조금이나마 줄일 수 있다. 더 큰 이점은 며칠 혹은 몇 주를 두고 아이디어를 수확한다는 데 있다. 어떤 프로젝트를 한 번에 해결하려 할 때보다 훨씬 다채롭고 알찬 아이디어를 끌어모을 수 있다.

창의성은 덧없고 예측할 수 없기에 정형화된 공식으로 정리할 수 없다. 그러나 창의력을 발휘하는 방법에는 효율성의 차이가 있다. 나는 사람들에게 아이디어가 잘 익을 때까지 내버려두었다가 결과를 음미하라고 조언한다. 그동안 많은 글을 이런 방식으로 써냈고, 이 글도 마찬가지였다. 여러분이 맛있게 먹어주기만을 바란다.

콜린 라이트
여행 작가이자 출판사 에이시메트릭 프레스의 설립자.
라이프스타일 블로그 '엑사일 라이프스타일'의 운영자.

20분 명상하기

2009년 나는 로스앤젤레스에 살고 있었다. 홍보회사를 성공적으로 운영하고 있었고, 첫 사업을 시작할 때 마음속에 새긴 목표를 향해 순항하고 있었다. 스물다섯 살까지 100만 달러를 벌겠다는 목표였다. 그 액수로 무엇을 할 것인지 특별히 정해둔 것은 없었지만, 100만이라는 숫자는 멋져 보였고, 열심히 일해서 달성할 만한 가치가 있는 목표라고 생각했다. 그 목표는 최종 목적지이기도 했다. 그것을 달성하고 나면, 그동안 잘해왔으니 한동안 휴식을 취해도 될 것 같았다. 잠시 일이 아닌 다른 것을 즐길 수도 있고 말이다.

그 대신, 나는 엄청난 스트레스에 시달렸다. 주당 120시간씩 일하며 잠은 서너 시간밖에 자지 못했다. 당시에는 새벽 2시에 체육관에 가서 녹초가 되도록 운동하는 버릇이 있었다. 그것만이 모든 것을 잊고 깊은 잠에 빠질 수 있는 유일한 방법이었고, 고객들과 끝없는 씨름을 하고 사업을 키우고 돈을 더 많이 벌어야겠다는 야망을 실현하느라 정신적으로 시달린 다음에 운동을 하면 아드레날린이 분비되었기 때문이다.

이런저런 명상법을 시도해본 끝에 하루에 20분씩 명상하는 습관을 들이기 시작했다. 매일 명상하면 정신을 오랫동안 명민하게 유지하는 데 도움이 된다는 이야기를 들었기 때문이다. 사고과정을 더욱더 효과적으로 통제하고, 압박감이 심한 상황을 견뎌내며, 건강을 잘 유지할 수 있다고 했다. 나에게 딱 필요한 것이었지만 실천하기는 쉽지 않았다. 적잖은 명상법들이 마치 미신처럼 도무지 가질 수 없는 믿음을 가질 것을 강요했다. 어떤 명상법은 너무 해이하거나, 강사와 함께해야만 하거나, 내가 바쁘게 일하는 대낮에 배워야만 했다.

하루는 스칸디나비아 지역에서 오래전부터 행해진 명상법에 관한 글을 읽게 되었다. 한층 자유로운 명상법으로, 조용히 앉아서 아무것도 하지 않는 것이 근간이었다. 노래하거나 마음을 비우려고 애쓰거나 공중부양 같은 것을 시도하지 않아도 되었다. 자유롭게 생각하는 정신적 능력과 몸의 활력을 되찾게 해주는 명상법이었다. 매일 일정한 시간 동안 가만히 앉아 철저하게 아무것도 하지 않을 뿐이라면, 나도 충분히 해낼 수 있을 것 같았다. 그래서 하루에 20분씩 이 명상법을 실천해보기로 마음먹었다.

처음 시도했을 때는 생각보다 훨씬 어려웠다. 누구나 그렇겠지만, 스트레스를 받고 정신없이 바쁜 상황에서 20분이나 조용히 앉아 아무것도 하지 않는다는 건 무척 어렵다. 당시 나는 넋 놓고 아무것도 하지 않는 건 생산성을 좀먹는 나태한 행위의 극치라고 생각했다. 하지만 조용히 앉아 아무것도 하지 않는 시간을 갖기 시작하면, 뇌는 엉켜 있는 것을 서서히 풀기 시작한다. 팟캐스트나 음악도 듣지 않고, 책도 보지 않으며 발을 토닥거리거나 손톱을 다듬지도 않고 그저 가만히 앉아 있기만 해야 한다.

처음 10분 동안은 머릿속에서 온갖 생각이 떠오른다. 그날 내가 가장 많은 관심을 쏟았고 걱정하던 문제가 반복해서 돌아온다. 그러나 어떤 의미를 찾아낼 만큼 오랫동안 그 문제에 매달리지는 못한다. 그 후로 10분 동안 머릿속이 안정된다. 그저 가만히 앉아 있는 것만으로도 뭔가에 집중하는 힘이 생기는 듯하다. 따라서 한 번에 한 가지에 몰두하게 된다. 하나의 문제를 깊이 생각한 후에 다음 문제로 넘어간다.

이런 식으로 나는 고심하던 문제들의 해법을 적잖게 생각해냈다. 때로는 새로 시작한 프로젝트에 관한 멋진 아이디어를 떠올리기도 했다. 더구나 업무일지를 가득 채웠던 일거리들이 하나둘씩 줄어들었고, 나중에는 전혀 다른 유형의 생각을 해낼 수 있을 정도로 정신이 맑아졌다. 예컨대 철학과 윤리에 대해 깊이 사색할 여유가 생겼고, 이 땅에서 살아가는 동안 내가 진정으로 해야 할 일이 무엇이고 무엇을 지향해야 하는지 고민할 여유도 생겼다. 또 모든 것을 장기적인 안목에서 바라볼 수 있게 되었다. 그날 내가 했던 일, 또 내가 적잖은 시간을 투자하는 프로젝트에 대해 의문을 품고 시계를 되돌려보는 여유도 갖게 되었다.

하루 20분씩 조용히 앉아 아무것도 하지 않는 명상을 함으로써 삶에서 진정으로 중요한 것에 더 많은 관심을 쏟을 수 있게 되었다. 나에게 가장 큰 성취감을 주는 일을 찾아내고, 그 일을 위해 노력을 더하는 방법을 찾아낼 수 있었다. 생활방식을 바꿀 방법을 생각해내고, 내 에너지를 갉아먹는 일을 깨끗이 잊고 여행을 떠나는 삶, 다시 말하면 먼 훗날 내가 노인이 되어서야 상상할 수 있는 삶을 실행하는 데도 도움이 되었다. 또한 더 적은 것으로 살아가는 방법을 배우고 삶에서 어수선한 잡동사니를 깨끗이 치워내는 노하우를 발견함으로써 한정

된 시간과 에너지와 자원을 중요한 것에 더 많이 투자할 수 있게 되었다.

이런 집중력을 얻기 위해서 하루에 반드시 20분을 명상해야 하는 것은 아니다. 몇 분이라도 명상을 위한 시간을 할애한다면 여러 면에서 큰 발전을 이루어낼 수 있는 첫걸음을 뗀 것이나 마찬가지다. **규칙적으로 명상하면 눈앞을 가린 구름을 걷어내고 세상을 더 명확하게 볼 수 있다.** 자신의 현재 모습을 직시할 수 있기 때문에, 시간이 지나면 상상했던 수준보다 훨씬 나아진 모습으로 변해가게 된다.

요즘 나는 한층 더 의미 있는 목표를 지향하고 있다. 사업 감각을 평가하는 기준을 넘어 내가 진정으로 이루어내고 싶은 목표, 성공했다는 만족감을 넘어 삶을 즐기게 하는 목표이다. 이제 나는 내게 허용된 시간과 돈으로 여행과 짜릿한 경험을 즐기고, 책을 써서 돈을 버는 삶을 살고 있다. 이전 로스앤젤레스의 삶에서는 꿈도 꿀 수 없었던 것이다. 나에게 정말 중요한 것이 무엇인지 알아내고, 필요 이상의 것은 과감히 버리고, 나의 행복과 관련된 핵심적인 것에 집중한 덕분에 이런 꿈같은 삶을 시작할 수 있었다. 하루에 아주 약간의 시간을 투자한 덕분에 나는 이런 삶을 시도할 수 있는 시간을 찾아냈고, 그 과정에서 많은 의문에 대한 답을 찾아냈다.

피코 아이어

여행 작가이자 미국 채프먼대학교 석학교수.
《열린 길》,《세계의 영혼》 등의 저자.

위대한 책들과 교감하기

시간이 점점 더 잘게 쪼개지고, 집중력을 유지하는 시간은 줄어들며, 사람들은 이메일조차 부담스러워 휴대폰 문자 메시지에 의지하지만, 나는 매일 적어도 한 시간은 무게 있는 책을 읽으려고 노력한다. 픽션이든 논픽션이든, 현대물이든 고전이든 상관없다. 문장이 길고, 단락에 풍부한 내용이 담겨 있으며, 내용을 이해하기 위해 상상력이 필요하고, 내 작업과 아무런 관계가 없는 책이면 된다.

이른 오후에 나는 볕이 잘 드는 곳에 앉아 차 한 잔을 마시며 심호흡을 한 후, 삶에서 가장 사치스러운 순간에 빠져든다. 책에 완전히 몰입해 시간의 흐름을 잊고, 매력적인 이방

인과 은밀한 대화를 이어갈 수 있다면 그보다 이상적인 시간이 없을 것이다. 그런 시간이 끝나면 나는 바닥이 없는 깊은 우물에서 빠져나온 것처럼, 한 시간 전보다 훨씬 민감하고 정중하며 신중해진다. 적어도 한두 시간 정도는 나의 모든 언행이 그런 깊고 은밀한 느낌에 푹 젖어 드는 기분에 사로잡힌다.

이런 독서를 습관화하는 데 상당한 시간이 걸렸다. 책상에서 일어나 노트에서 멀어질 때, 글을 가장 잘 쓸 수 있게 된다는 걸 깨닫는 데도 오랜 시간이 걸렸던 것처럼 말이다. 사소한 것에 집중해야 하는 행위는 가만히 앉아 세세한 부분까지 살펴볼 때 최선의 결과를 얻을 수 있겠지만, 상상력을 동원해 변화를 유도해야 하는 행위는 오히려 눈앞의 노트를 덮거나 당면한 과제를 쳐다보지 않을 때 더 큰 성과를 거둘 수 있다고 심리학자들은 말한다. 위대한 금융가 J. P. 모건 John Pierpont Morgan 도 "1년 내내 쉬지 않고 꼬박 12개월을 일했더라면, 2개월을 휴식하며 10개월 동안 빚어낸 성과를 이루어내지 못했을 것"이라고 말한 적이 있다.

사회학자들에 따르면 현대인은 50년 전보다 더 적은 시간을 일하지만, 더 많이 일하는 것처럼 느낀다고 한다. 인터넷 중독과 이메일 무호흡증 이메일을 확인하고 읽는 동안 호흡이 무의식적으로 일시

중단되는 현상, **노모포비아** 휴대폰이 없을 때 불안감을 느끼는 증상 등이 심각한 문제로 대두된 우리 시대에는, 내면의 깊이를 더하기 위해 노력해야만 삶을 조금이나마 더 풍요롭게 할 수 있다. 이력서와 은행 계좌, 명함으로 대변되는 우리의 대외적인 삶은, 눈에 보이거나 계량화되지 않는 것을 통해 의미가 부여되어야만 균형을 유지할 수 있다.

14세기 독일 신비주의 철학자, 마이스터 에크하르트 Meister Eckhart 의 말처럼 "내적 활동이 강하다면 외적 활동도 결코 미약하지 않을 것"이다. 산책이나 영화 감상, 혹은 요가나 명상이 마음을 다잡고 관심사를 회복하는 데 도움을 주는 것은 사실이다. 그러나 마음만이 아니라 영혼까지, 순간적인 정보 제공에 그치지 않고 지속적으로 무언가를 자신에게 투영하는 방법은 헤아릴 수 없을 만큼 풍요로운 것과 깊고 은밀하게 교감하는 것이다.

이런 교감이 때로는 삶의 과정에서, 때로는 이상적인 사랑에서 일어난다. 하지만 매일 오후 마르셀 프루스트 Marcel Proust, 토머스 핀천 Thomas Pynchon, 윌리엄 제임스 William James, 마르쿠스 아우렐리우스 Marcus Aurelius 를 읽으며 그들의 사색과 경험을 통해 마음을 크게 넓히고, 해변을 달리는 강아지처럼 영혼의 족쇄를 풀어 마음껏 달리게 한다면 그 심원하고 은밀한 교감을 매일 맛볼 수 있다.

책이 아닌 다른 매체가 우리에게 똑같은 깊이의 생각과 느낌과 감동을 줄 수 있다면, 사람들이 책 읽기를 멀리한다고 해도 상관없다. 전자책으로 읽느냐 종이책으로 읽느냐도 중요하지 않다. 그러나 길고 까다로우며 심원한 글, 일반적인 웹사이트나 잡지에 기고되는 글보다 **훨씬 깊이 있는 장문의 글에 몰입하는 능력을 상실하면, 결국 우리 자신과 주변 사람들, 더 나아가 세상을 읽어내는 능력마저 상실할까 걱정된다.**

스물아홉 살에 나는 맨해튼의 중심가, 파크 애비뉴에 있는 아파트 25층에 살았다. 당시 나는 꿈꾸던 삶을 살고 있었다. 《타임》에 세계정세에 대한 글을 기고하고, 세계 곳곳에서 휴가를 즐기며 신나고 호사스러운 삶을 살았다. 그러나 마음을 가라앉히고 내가 정말로 행복한 삶을 살고 있는지 돌이켜보거나, 독서가 열어주는 드넓은 세계로 들어갈 기회를 누리진 못했다.

그래서 나는 화려한 삶을 접고 교토 뒷골목의 단칸방으로 이주했다. 전용 화장실도 없고 전화도 없고 침대도 없었다. 28년이 지난 지금도 나는 일본 시골 마을에 있는 두 칸짜리 아파트에서 집사람과 함께 살고 있다. 가끔 아이들도 들른다. 자동차도 없고 자전거도 없다. 프린터를 사용하지도 않는다.

여기서는 휴대폰을 사용해본 적이 없고, 필요하지도 않다. 이런 환경 덕분에 내 삶은 더 풍요롭고 여유로워졌다. 더 짜임새 있고 깊어졌다. 이런 삶을 선택하지 않았더라면 지금과 같은 신선함과 균형감은 꿈도 꾸지 못했을 것이다. 경제적인 안정 대신에 건강하고 깊이 있는 삶을 선택했다. 덧없는 풍요와 경제적 안정을 버리고 영원히 변하지 않는 것을 선택했다. 온갖 소란의 중심지를 떠나 한적하고 조용한 곳에 정착함으로써 나의 하루는 수천 시간이나 확장되는 것만 같다.

이런 환경에서 독서를 하면서 나의 시야는 더욱 넓어지고 내 안의 가능성은 더욱 깊어졌다. 시간과 공간이 활짝 열렸다. 내 안에 깊이 숨어 있던 가장 진실한 모습이 겉으로 드러나기 시작한다. 그런 순간이면, 나는 단편적이고 일시적인 것이 아니라 온 세상만큼이나 드넓어진 기분이 든다.

스레판 부커

작가이자 디자이너이며 웹사이트 344lovesyou.com과 dailymonster.com의 운영자. 《344개의 질문》 등의 저자.

산책하면서 삶을 느껴라

나의 가장 생산적인 습관은 하루에 8킬로미터를 산책하는 것이다. 나는 항상 같은 길로 걷는다. 집에서 출발해 동네 공원과 아담한 야구장을 차례로 지난 뒤 골프장으로 향한다. 마음먹은 날에는 골프장 전체를 돌기도 하지만, 보통은 전반 9홀에서 되돌아간다. 똑같은 길을 지금까지 20년 이상 걸었지만 조금도 질리지 않는다. 몇 년간은 이 길을 자전거로 돌았는데, 요즘에는 걷는 것이 더 좋다.

나는 걸어갈 수 있는 곳이라면 날씨에 상관없이 걷는 것이 좋다. 런던이나 뉴욕 등 다른 도시를 방문하면 서너 시간씩 걸어 다니며 새로운 것을 발견하는 즐거움을 만끽한다. 하지만 일상적으로는 매일 같은 길을 걷는 것을 좋아한다. 그때마다 모든 장벽을 무너뜨리고 자유롭게 생각하며, 주변의 식물과 하늘, 지나가는 사람들, 심지어 매일 걷는 똑같은 길에서도 작은 변화를 찾아낸다. 예컨대 길이 꺾이는 곳에 자라는 선인장이 꽃을 피우면 한 해가 시작되었음을 알 수 있다.

그 길에는 익숙하지 않은 곳이 없기 때문에, 떠오르는 것에 대해 마음 편히 생각하고 상상한다. 걸으며 명상에 잠겨 호흡에 집중하며 몸의 모든 부분을 하나씩 점검한다. 때로는 짤막한 이야기를 만들어내고 등장인물들 사이의 대화까지 꾸며낸다. 일이 제대로 풀리지 않는 날에는 기대한 만큼 제대로 해내지 못한 일들을 되새기며 자책하기도 한다.

책상을 비운 틈에 하는 육체 운동은 언제든 몸의 중심을 되찾는 데 도움이 된다. 산책하는 동안, 나는 적어도 하나의 새로운 아이디어를 생각해낸다. 난데없이 갑자기 떠오르는 아이디어인 경우도 있고, 기존 프로젝트에 접근하는 방법과 관련된 아이디어인 경우도 있다. 때로는 누군가에게 연락해서 이야기하고 싶을 정도로 좋은 아이디어도 있다.

독일의 작은 마을에서 자란 나는 어린 시절부터 산책을 좋아했다. 재밌고 신나는 일은 전혀 일어나지 않는 곳이었다. 재미있는 일을 벌이려고 하면 어김없이 큰 곤경에 빠졌다.

"문제를 일으키면 혼날 줄 알아!" 자유민주주의 국가에서도 소도시의 사고방식은 권위적이었다. 학교에 입학하고 10년 동안 친구들에게 걸핏하면 두들겨 맞거나 언어폭력에 시달렸다. 그런 경험이 나에게는 오히려 선물이었다. 그런 시달림이 싫어서 인기라는 덫을 멀리했기 때문이다.

인기 있는 아이들은 인기를 유지하는 데 상당한 에너지를 쏟는다. 주변의 분위기를 파악하고 유행을 좇고, 자신의 행동 하나하나가 주변 사람들에게 어떻게 받아들여질지 눈치를 보며 하루를 보낸다. 나는 인기가 없었다. 노력해도 상황이 바뀔 것 같은 조금의 조짐조차 없었다. 따라서 흥미를 느끼는 것은 무엇이든 마음대로 할 수 있었다. 또 혼자 움직이면서도 안전하게 즐거움을 찾을 수 있는 방법을 터득했다. 바로 산책이었다.

나는 많이 걸었다. 내가 어린 시절을 보낸 곳은 13세기에 세워진 도시였다. 작은 시내가 곳곳에 있었고 나무도 많았다. 오래전부터 도시를 에워싼 해자垓字의 바깥에는 널찍한 밭과 목초지가 펼쳐져 있었다. 나는 물길을 따라 걸었고 밭을 가로질렀다. 젖소들을 어루만지며 시간을 보내고, 때로는 이웃 마을까지 걸어가 제과점과 정육점에서 식료품과 빵을 사기도 했다. 무작정 걸었던 것은 아니고, 항상 목적지를 마음속에 정해두었다. 일하지 않고 보낸 시간을 정당화하려면 휴식과 기분전환보다 더 구체적인 변명거리가 필요했던 것 같다.

이 습관이 지금까지 이어지고 있다. 다른 도시에 가게 되면, 약속 장소까지 걸어서 가기에 충분하도록 약속 시간을 정한다. 또는 기차를 타고 그 도시의 끝자락에 내린 후에 호텔까지 걸어간다. 고향에는 내가 습관처럼 걷는 길이 있다. 항상 걷는 길이어서, 깊은 생각에 빠지더라도 세상과 연결된 끈을 놓치지 않는다. 사방이 꽉 막힌 공간, 예컨대 작업실에서 어떤 제약도 받지 않고 서너 시간 동안 생각에만 잠겨 있다면 정신 건강에 좋지 않다. 내 머릿속에 완전히 갇힌 기분이 든다. 생각이 작품으로 이어지지 않는다면 외롭고 괴로운 상태에 빠져들기 십상이다. 그러나 산책을 할 때면 내가 자유로운 존재로서 이 땅에 살아 있다는 기분이 든다.

책상 위에 일거리가 잔뜩 쌓여 있을 때는 산책을 포기하고 일에 집중하고 싶을 때도 있다. 시간을 책임감 있게 사용해야 한다는 불안감이 밀려와, 이런 유혹을 이겨내지 못하고 산책을 포기하는 날도 간혹 있었다. 그러나 지금까지 경험한 바에 따르면 두 발로 땅을 밟고 맑은 공기를 마시며 밖에서 두 시간 정도를 보내는 게 나 자신과 일 자체에도 훨씬 훌륭한 투자가 되었다. **산책하는 동안에는 마음이 편안해지고 긴장이 풀린**

다. 일하는 동안 뇌를 학대한 까닭에 놓쳤던 아이디어들을 다시 건져낼 수 있다. 일에서 잠깐 멀어짐으로써 일을 더 잘해낼 수 있다! 오랜 시간을 겪었지만 지금도 깜박 잊곤 하기 때문에, 내가 거듭해서 되새기는 교훈이다.

산책은 개인적인 관계를 쌓는 데도 많은 도움이 되었다. 지금도 나는 사랑하는 사람들에게 혼자 있고 싶다는 말을 쉽게 꺼내지 못한다. 상대를 배척한다는 기분을 안겨줄까 봐 걱정되기 때문이다. 대신 운동하러 나간다고 말하는 것은 훨씬 쉽다. 하지만 이 방법도 몇 년 전부터 광고회사들과 일하면서 문제가 된다는 걸 알게 되었다. 광고회사의 일이란 경쟁의 연속이며, 늘 경쟁에서 패할지도 모른다는 두려움에 짓눌려 지낸다. 광고회사에는 안달복달하는 게 좋은 작품을 만드는 데 도움이 되지 않는다는 것도 모른 채 끊임없이 머리만 쥐어짜는 사람들로 가득하다.

독일 속담처럼 우리는 '허공을 멍하니 쳐다보며 시간을 보낼' 필요가 있지만, 게으르거나 무관심해 보이는 위험을 감수하지 못한다. 개인 사무실을 사용한다면 조용한 시간을 가질 수 있을 텐데, 관리자들이 칸막이를 없애버린 까닭에 게으름을 피우는 시간이 허용되지 않는다. 모두가 집단의 끊임없는 감시하에 있다. 그것이 업무에 긍정적인 효과를 낳는지 아닌

지도 모르면서 모두가 쉬지 않고 일하는 모습을 보여야만 한다. 그 과정에서 모두가 해를 입는다.

사람들과 협력해서 일할 때는 나를 위한 산책은 물론, 다른 사람들이 자신의 능력을 발휘하기 위해서 찾아낸 방법을 존중하려고 한다. 게으르고 자유를 남용하는 사람들도 간혹 있기는 하지만, 결국 그런 사람들과는 다시 일하게 되지 않을 것이다. 그 정도의 위험은 의욕적인 사람들이 최선을 다해 일할 수 있도록 배려하기 위해 치러야 할 대가라고 생각한다.

나에게는 산책이 최고의 능력을 발휘하기 위한 조건이다. 산책을 통해 나는 건전한 정신을 유지하고, 안정감을 느끼며, 마음의 문을 활짝 여는 기회를 얻는다. 내가 건강을 관리하는 방법은 가능한 한 오랫동안 밖에서 산책하며 나의 삶을 생생하게 느끼는 것이다.

기네스 크레이븐스
작가이자 저널리스트.
《세상을 구하는 힘 : 원자력의 진실》 등의 저자.

항상 노트를 가지고 다녀라

어떤 행동을 더 자주 하고 더 많은 상황에서 할수록 습관
으로 발전할 가능성이 크다. 그러니 습관으로 만들고 싶은
행동을 반복해서 하라.

– 에픽테토스

능력을 계발하고 싶다면, 그게 어떤 것이든 집중하고 받아
들이는 연습을 꾸준히 해야 한다. 현재의 순간에 충실해야 한
다. 나는 수십 년 전 스스로 했던 다짐이 어느덧 습관화되어,
어떤 상황에서든 해야 할 일을 떠올릴 수 있다. 상당한 노력
끝에 익힌 이 습관은 지금도 매일 조금씩 내가 더 나아지도록

자극한다.

이 습관은 《33가지 행복한 순간》을 쓴 17세기 중국의 학자이자 극작가 진성탄金聖歎의 글을 우연히 발견하면서 시작되었다. 그는 지독한 폭우로 열흘 동안 사찰에 꼼짝없이 갇혀 지내야 했던 불행한 상황에서 '행복한 순간들'을 하나씩 써내려갔다. 스물여덟 번째 순간은 '창문을 열어 말벌이 제 발로 방에서 나가게 했다. 이 어찌 행복하지 않겠는가?'였다.

그에게 영감을 받아 나는 매일 아름다움과 만나는 순간을 적어도 하나는 찾아 나만의 노트에 기록하기로 마음먹었고, 평생 그 일을 계속하겠다고 다짐했다. 아름다움은 예기치 않은 순간에 느닷없이 찾아온다. 아름다움은 늦은 오후 벽돌담에 비스듬히 비친 햇살, 위층 창문에서 흘러나오는 바흐의 푸가, 오랜 친구의 웃음, 완벽한 대칭을 이룬 거미줄, 지혜로운 경구, 문제 해결을 위한 회의, 갓 베어낸 삼나무의 은은한 향기, 추운 밤의 따뜻한 목욕물처럼 어디에나 있다. 아름다움을 찾겠다는 다짐은 시간이 흐를수록 생각지 못한 방향으로 가지를 뻗어 나가곤 했다.

혼자 있든 동료들과 함께 있든, 책상 앞에서든 비행기나 기차나 배 안에서든, 카페에 있든 야영장이나 해변에 있든 간에 나만의 노트는 매일 할 일을 기억하라고 속삭인다. 노트를 펼치고 펜을 집어들 때 새로운 책에 관련된 아이디어가 눈앞에 나타날지, 아니면 가벼운 수필이나 단편소설의 소재가 떠오를지는 아무도 모른다. 가끔 새로운 생각이 문득 구체화되는 경우도 있다. 특정한 아이디어나 고민거리 혹은 관찰한 결과를 마음에 두고 하얀 백지를 펼치지만, 완전히 다른 종류의 흥미로운 생각이 불쑥 머릿속에 떠오르기도 한다. 그럴 때면 있는 그대로 그 생각을 받아들인다. 이 변덕스러운 생각이나 단어 또는 이미지가 나를 어디로 끌고 가든, 순순히 그 방향으로 따른다.

매일 컴퓨터를 사용하지만, 잉크를 종이에 옮기는 과정은 여전히 나의 습관에서 큰 비중을 차지한다. 한밤중에 나 자신과의 대화를 기록할 때는 스프링 노트가 아닌 다른 것이 필요하다는 것을 깨달았다. 그래서 요즘에는 부드러운 검은색 천으로 장정된 노트를 사용한다. 잉크를 잘 먹는 크림색 괘선지로 된 노트다. 연구에 따르면 우리 뇌는 손으로 글을 쓸 때는 타이핑을 할 때와는 다른 방식으로 생각하고 학습한다고 한다.

안타깝게도 사회 전반에서 손글씨가 점점 사라지고 있다. 하지만 손글씨는 더 깊이 있는 학습을 가능하게 한다. 정보가 노트북과 서버가 아니라 저마다의 머리와 가슴에 새겨진다고 생각해보라. 오랜 세월 대대로 전해진 펜과 잉크라는 유산을 나는 정말 소중하게 생각한다. 나는 십 대 시절 이탈리안 알 파벳 서체에 푹 빠졌고, 이후 나만의 서체를 사용해왔다. 서 체를 향한 열정은 이제 예술가인 나의 딸이 물려받았다.

매일 밤 번뜩 떠오르는 생각들을 나만의 노트에 기록한 다. 추억과 꿈, 사람과 장소와 사물에 대한 단상을 쓴다. 잠자 리에 들기 전 한 줄이라도 쓰는 것이 원칙이다. 그래서 노트 를 들춰보다가 내가 비몽사몽 간에 끄적거린 글을 찾아내기 도 한다. 뭐라고 썼는지 알아보기 힘든 경우도 많지만, 때로 는 삶의 방향을 일거에 바꿔놓을 만한 놀라운 글이 눈에 띄기 도 한다. 예를 들면 '어떤 것도 기분 나쁘게 받아들이지 마라!' 같은 글이다. 유난히 지치고 힘들었던 어느 밤에 머릿속의 틈새를 뚫고 빠져나온 이런 메시지가 그날 이후 나의 주문이 된다.

골치 아픈 문제에 부딪히면 나는 그 문제에 대해 글로 정리 한다. 종이 위에서 손을 움직이는 동안 해결책을 찾아내는 경 우가 적지 않다. 때로는 다른 사람들의 글에서 읽은 지혜로운 명언이 내 삶의 방향을 인도하기도 한다. 첫머리에 쓴 그리스 철학자 에픽테토스 Epictetus 의 조언은 언제나 마음에 새겨둘 만하다.

사물 자체가 우리 마음에 상처를 주거나 우리를 방해하는 것은 아니다. 다른 사람도 마찬가지다. 우리가 사물과 다른 사람을 어떻게 보느냐는 완전히 다른 문제다. 처음에는 이상하게 들리겠지만, 우리를 혼란에 빠트리는 가장 큰 요인은 자기의 마음가짐과 반응이다. 외부적 환경을 마음대로 통제할 수는 없지만, 외적인 환경에 대응하는 방법은 언제나 통제할 수 있다.

글쓰기를 배우고 싶어 하는 학생들을 가르칠 때마다 나는 **항상 노트를 갖고 다니다가 뜻밖의 아이디어가 떠오르면 곧바로 기록하고, 그와 관련된 정보와 감정까지 참신한 뭔가로 바꿔놓을 준비를 하라**고 조언한다.

밤에는 검은 장정의 노트를 쓰지만, 낮에는 스프링 노트를 사용한다. 어느 친구가 내게 일주일 단위로 일과를 정리하는 법을 가르쳐주었다. 정기적으로 해야 하는 일과 마땅히 해야 할 일, 그리고 새로운 약속을 노트에 쓸 때마다 그녀에게 고맙다는 인사를 되뇐다. 일과를 확인한 뒤 신속하게 행동에 옮기고, 하나를 끝낼 때마다 즐거운 마음으로 해당 항목에 줄을 긋는다. 예컨대 '금요일 차량 검사', '프루스트 독서 끝내기', '손톱 손질 약속', '바닷가재 구입', '소득세 영수증 정리', '프린터 카트리지 주문' 등이다. 이것도 상당히 즐거운 일이다. 이 방법은 크고 작은 일을 기록해두는 데 도움이 될 뿐 아니라, 여기저기 할 일을 써둔 종잇조각을 남발하는 것을 막아준다. 또 하찮은 일에 신경을 끄고 새롭고 창의적인 일에 정신을 집중하게 해준다.

여행용 노트도 있다. 역시 스프링 노트인데, 회의에 참석하거나 여행을 할 때 지갑이나 배낭에 쉽게 들어가는 크기이다. 주제별로 다른 노트를 쓰고, 협의회별로도 노트를 따로 마련한다. 나는 철학 교수인 오드리에게 속기를 배운 덕분에 다른 사람이 말하는 걸 들으면서도 정확히 기록할 수 있다. 인터뷰와 강연을 들으면서 요점을 기록하고, 인용할 구절을 옮겨쓰며, 질문하고 싶은 내용을 일목요연하게 정리할 수 있다. 강연을 들을 때면 아이패드와 노트북에 뭔가를 끄적대는 사람들이 눈에 띈다. 적잖은 사람이 강연 내용을 기록하는 게 아니라 이메일을 쓰거나 페이스북과 트위터로 딴짓을 하는 걸 볼 때마다, 볼펜과 종이를 고집하며 강사에게 집중하는 나의 습관이 자랑스럽다.

여행할 때 얻는 영감을 노트에 쓰기도 한다. 언젠가 뉴욕을 여행할 때였다. 찌는 듯한 더위에 5번가와 42번가의 교차로에 서서 신호등이 바뀌기를 기다리다가, 예전에 산 교통카드를 꺼내 혹시 유효기간이 지나지 않았는지 살펴보았다. 카드

뒷면에는 '생각의 흐름'이라는 제목 아래 다음과 같은 불멸의
구절이 쓰여 있었다.

너무 늦게야 당신을 사랑했습니다.
예나 지금이나 아름다운 당신을.
너무 늦게야 당신을 사랑했습니다.
당신은 내 안에 있었건만, 나는 저 밖에서 당신을 찾아 헤
맸습니다.

아우구스티누스 Sanctus Aurelius Augustinus 가 거의 2,000년 전에
쓴 이 글이 뉴욕 메트로 교통카드의 뒷면에 쓰여 있었고, 곧장
내 노트로 옮겨졌다.

노트들은 나에게 든든한 습관을 만들어주었다. 아름다운
것 또는 실용적인 것을 담기도 하고, 문학이나 과학 문제를 담
기도 하고, 낮에 쓰기도 하고 밤에 쓰기도 한다. 노트는 나에
게 여행을 계속하며 항상 새로운 것을 배울 것을 권한다. 하
루하루 일상을 기록하다 보면 삶의 질서를 만드는 데 도움이
된다.

예전에 쓴 노트를 정기적으로 들추어보면 과거의 실수를
반성하게 되고, 10년 전에 만난 사람을 옛 친구나 수호천사와

교감하는 기분으로 다시 만날 수 있으며, 오늘 다시 기억해낸 정보를 활용해서 미래를 설계할 수도 있다. 내가 지금 어디에 있고 어떤 삶을 살아가는지 면밀하게 관찰하게 되고 세상을, 나아가 다른 사람과 나 자신을 새로운 관점에서 이해하게 된다. 이런 습관 덕분에 나에게는 하루하루가 새로운 모험의 세계가 된다.

작가라는 소명은 오래전 내가 노트와 펜을 들고서 오늘 어떻게 살았는지, 앞으로 어떻게 살기를 바라는지 끄적댔을 때 시작되었다. 나의 충직한 동반자인 이 습관에 한없이 감사하고 있다. 노트들 덕분에 나는 매일 지금 여기의 삶과 함께하며 나의 행운에 감사할 수 있게 되었다. 이 어찌 행복하지 않겠는가?

멜라니 스완
철학자이자 미래학자이며 경영학자.
싱귤래러티대학과 커먼스대학 교수이자 기초질문연구소 고문.

새로운 아이디어에
적극적으로 대응하라

나에게 가장 도움이 된 습관은 열린 마음으로 새로운 아이디어를 생각하고 받아들이는 것이다. 이 습관이 어떻게 해서 생겼는지 확실히 기억할 수는 없지만, 성장 과정에서 나의 일부가 된 것 같다. 부모님은 내가 새로운 것을 시도하고 많은 것을 경험하도록 응원해주었으며, 그렇다고 다양한 분야에 관심을 기울여만 한다고 강요하지도 않았다.

새로운 아이디어에 자연스레 끌리는 데는 이유가 있다. 첫째는 새롭고 흥미로우며 색다른 것이기 때문이다. 그것은 '가능성'의 일종이다. 새로운 아이디어의 가치는 잠재력과 향상성을 띤 불꽃에 비유되며, 나 자신과 주변 사람들의 삶을 한 단계 더 높여준다. 둘째, 새로운 아이디어에는 효율성과 정밀함이 내포된 까닭에 개선과 진전을 유도할 수 있다. 그리고 마지막으로, 새로운 아이디어들이 기존의 아이디어들과 연결될 수 있기 때문이다. 새로운 아이디어를 적용하면 기존의 가능성에 변화를 줄 수 있다.

예를 들어 '정치 시스템은 자유를 강화하는 수단'이라고 새롭게 해석한다면, 인간의 행위를 조율하는 방법에 대한 시각이 달라질 수 있다. 새로운 것에는 더 나은 방향으로 나아가려는 추진력이 내포되어 있다. 새로운 아이디어가 기존의 아이디어와 결합 혹은 재결합하며 확대될 때 발전이 이루어진다. 기존의 것을 다른 관점에서 접근하며 다른 식으로 해석할때 진보가 가능해진다. 나의 아이디어와 다른 사람들의 아이디어를 결합할 때 우리는 기존 상황을 더 나은 방향으로 개선하는 새로운 가능성을 모색할 수 있다.

나는 아인슈타인과 에디슨과 피카소 같은 천재들이 가졌던 습관이나 특징에서 영감을 받는다. 중요한 것은 새로운 아이디어와 주제, 새로운 사물과 분야, 새로운 사례와 상황에 자주 부닥치고 다른 관점으로 접근하며 이런저런 아이디어들을 재조합하고 새로운 요소를 보태는 것이다. 또 하나의 중요한 자질은 좋은 아이디어도 있고 그렇지 않은 아이디어도 있다고 생각하며, 아이디어, 논문, 책, 발명, 예술작품, 협력 등 다양한 분야에 도전해보는 것이다. 핵심은 새로운 것을 만들어내는 것이다. 광범위한 접근이 필요하다는 걸 이해하는 것도 중요하다. 자신의 브레인스토밍을 통해 도출한 광범위한 생각들을 격식에 구애받지 않고 활용해야 한다. 이렇게 탄생한 아이디어 중 일부만이 실제로 유용하더라도 괜찮다.

철학자 나심 니콜라스 탈레브 Nassim Nicholas Taleb 는 새로운 아이디어를 개방적인 태도로 삶에 적용하는 전략을 "칵테일 파티에 가라"라는 말로 표현한다. 이렇게 할 때 우리는 새로운 아이디어가 머릿속에서 떠오르는 뜻밖의 즐거움을 만끽할 수 있다. 새로운 아이디어를 좇는 습관은 나의 일정표만 보아도 분명히 드러난다. 나는 어떤 기회를 통해 내가 가장 많이 성장하고 배우며 새로운 아이디어를 얻을 수 있느냐를 평가해보고 시간을 분배한다. 나에게 가장 새로운 상황에 가장 많은 시간을 할애하는 것이다. 새로운 아이디어와 만나기 위해서는 비즈니스, 과학, 예술 등의 다채로운 분야에서 열리는 다양한 형태의 행사는 물론이고 학술적인 행사와 사교적인 행사에도 부지런히 참석해야 한다.

내가 가장 큰 보상을 얻었던 활동은 대학생 때 여러 학회에 자원봉사자로 참석한 것이었다. 완전히 다른 분야에 대해 다양한 차원에서 많은 것을 배울 수 있는 소중한 기회였다. 강의 내용도 알찼지만, 어떻게 논제를 체계화하고 어떤 유형의 의문과 부차적 논제까지 허용하며, 해당 분야의 연구가 어떻게 진행되고 있는지를 배웠다. 참가자들이 각자의 의견을 제시하면서도 상대의 의견을 포용하는 태도와 학회에 참석한 사람들의 면면과 가치관, 그들이 교류하는 방법에 대해서도 이해하게 되었다. 다양한 학회에서의 자원봉사 참여는 외교와 과학, 비즈니스와 경제, 인문학 등에서 펼쳐지는 다양한 세계에 마음의 문을 여는 좋은 방법이었다.

나는 새로운 것을 배울 때마다 충만감을 느낀다. 이미 알고 있는 분야에 새로운 개념과 아이디어가 어울리는지 파악하고, 전반적인 작업에 발전을 가져오기 위해 새로운 아이디어를 어떻게 재조정해야 하는지 연구한다. 이런 방법으로, 나는 와튼 경영대학원에서 배운 금융 개념을 재정립하기도 했다. 예컨대 헤지펀드 거래를 위험을 멀리하는 방식이라기보다 위험에 적응하는 방식으로 해석하고, 보건 의료의 생물학적 복잡성은 양적인 위험관리 과정으로 파악하는 식이었다. 또 최근에는 블록체인 기술을 인터넷처럼 인간의 모든 활동을 완전히 뒤바꿔놓을 가능성을 지닌 정보기술로 여기고 접근하고 있다.

새로운 아이디어에 개방적인 습관이 지금까지 내게 도움이 되었던 이유는 나의 세계관과 맞아떨어진 부분도 있겠지만, 우리 시대가 이런 습관을 권장하기 때문이 아닌가 싶다. 지금 우리는 다양한 분야에서 과학과 테크놀로지가 급속히 발달해, 세계적이면서도 지역적이고 통합적이면서도 개별적인 세상에 살고 있다. 새로운 패러다임과 모델이 등장하고, 변화무쌍한 현실을 표현하기 위한 어휘와 모델이 날마다 생겨나는 시대이다.

새로운 아이디어를 어디에서나 볼 수 있다는 것은, 그런 아이디어가 장소와 분야에 구애받지 않고 마음대로 넘나드는 유동성과 이동성을 지녔다는 뜻이다. 하나의 개념이 다른 상황으로 확장된 개념 이동의 사례로는, 정부를 위해 일하는 사람들을 SNS에 빗댄 '정부를 위한 페이스북 Facebook for government'이 있다. 또 자체 조직화하는 복합성의 개념을 경제, 뇌 시냅스, 개밋둑과 같이 다양한 맥락에서 파악하거나, 경영계의 패러다임 변화나 인공지능을 '위상전이 phase transition' 같은 물리학 개념에 빗대어 이해하는 것도 개념 이동의 사례라고 할 수 있다.

이처럼 생각의 이동은 우리에게 긍정적으로 작용할 수 있다. 우리 인간은 무한하고 복잡하더라도 접근 가능한 세계를 향해 꾸준히 이동하지만, 행동을 취하고 의미를 만들어내며 관리할 수 있는 순간마다 주변에 반향을 일으킨 채 머물고 싶어 하기 때문이다. 항상 새로운 아이디어에 적응하고 사물을 새롭고 다양한 관점으로 접근하는 습관을 통해 최근 경험한 최고의 기회는 비트코인 같은 가상화폐와 그 기반이 된 블록체인 기술과 관련된 것이었다.

몇 해 전 나는 '비트코인'이라는 새로운 개념이 어떤 것인지 이해하고 싶어서 관련 행사에 부지런히 참석했다. 그리하여 가상화폐가 활발하게 거래되고 이 분야 신규 업체에 공격적인 투자가 이루어지고 있다는 사실을 알게 되었다. 가상화폐를 시도했던 것은 수십 년 전부터였지만, 파일을 공유하는 프로그램과 공개열쇠암호를 새롭게 결합시킨 덕분에 비트코인이 실질적으로 운영 가능한 디지털 화폐로 자리 잡을 수 있게 되었다.

그 후 나는 스마트 계약이란 개념을 배우기 시작했고, 그 덕분에 블록체인이 자유자재로 변형 가능한 테크놀로지가 될 수 있다는 걸 알게 되었다. 블록체인 기술은 가상화폐에만 적용되는 것이 아니라, 경제와 관련된 모든 분야에서 일을 효율적이고 안전하게 분산함으로써 세상을 뒤바꿔놓을 만한 기술이었다. 나는 '블록체인 기술이란 과연 무엇인가?'라는 궁금증을 품고 컴퓨팅과 같은 다른 분야를 포함한 다양한 행사와 강연에 참석해, 그것이 새로운 형태의 정보기술이란 걸 배웠다.

끊임없이 의문을 품고 이런저런 생각들을 조합하고 결합한 끝에, 블록체인 기술이 화폐와 경제, 금융과 시장은 물론이고 정부조직과 같은 사회조직에서부터 과학과 보건, 문해력과 개인적인 자기계발, 인공지능 등 거의 모든 분야에 이르기까지 인간 활동을 완전히 뒤바꿔놓을 수 있는 보편적이고 분산적이며 참여적인 테크놀로지 모델이라는 결론에 이르렀다.

혁신을 추구하는 나의 외향적인 성격이 새로운 아이디어를 적극적으로 받아들이며 적응하는 데 도움이 되었던 것 같다. 그렇다고 새로운 것이 항상 기존의 것보다 낫다고는 생각하지 않는다. 새롭다고 해서 무조건 이치에 맞는다거나 사용하기에 편리한 것은 아니다. 진정으로 새로운 아이디어가 되려면 가치를 더해줄 수 있어야 한다.

또한 새로운 아이디어가 성공적인 진보를 위한 유일한 요건도 아니다. 예컨대 새로운 아이디어를 생각해내거나 설명하는 데 능숙한 소수의 사람들과, 역사적인 관점에서 과거 사례에 비추어 새로운 아이디어가 어떤 이유로 적절치 않은지 지적해줄 수 있는 사람들을 함께 조직하면 가장 바람직하다고 할 수 있다. 새로운 아이디어가 맥락에 맞는 적절한 방법으로 조정될 수만 있다면 엄청난 가치를 지닐 수 있을 것이다.

아인슈타인이 출퇴근하는 길에 시계탑을 통해 빛과 시간을 새로운 관점에서 보게 되었다는 이야기는 나에게, 주어진 정보를 새로운 관점으로 접근해보라는 영감을 주었다. 또 파리 지하철을 탔을 때 다음 역까지 걸리는 환승 시간을 알려주는 것을 보고, 당장 손에 잡히는 정보의 질적 가치를 체감할 수 있었다.

정보의 의미와 중요성은 정신과 물질, 양쪽에서 이해할 수 있다. 규칙적으로 흐르는 시간은 양적인 시간이며, 재미를 느낄 때 쏜살같이 흘러가는 시간은 질적인 시간이다. 질적인 정보에도 가치가 있다. 예컨대 다음 역까지 6분이 걸린다는 것을 알면 책을 꺼내 독서를 시작할 여유가 생긴다. 이 정보는 실질적으로 사용 가능하다. 그 정보가 어떤 것인지 경험하며, 그로 인해 만들어지는 현실을 편안하게 예측하고 인지할 수 있다.

새로운 정보에 적절히 대응하는 습관 덕분에 내 삶은 더 풍요롭고 유의미해졌다. 인맥을 넓히고 세상에 더 큰 기여를 할 수 있게 되었다. 나는 새로운 아이디어와 관점을 다른 사람들에게 알려주고 설명하는 걸 좋아하며, 다른 사람들과 대화하며 그들의 아이디어를 듣는 것도 좋아한다. 특히 새로운 아이디어에 대한 비판적인 토론을 좋아한다. 삶의 방식은 그렇지 못하더라도 아이디어는 한없이 다양하게 펼쳐질 수 있다고 생각한다. 단체 활동을 실질적으로 조직하는 메커니즘이 그렇듯이, 대화를 생산적으로 끌어가며 문제를 해결하려면 '여기에서 새로운 정보는 무엇인가?' '여기에서는 어떤 새로운 정보가 우리에게 도움이 되는가?'라는 질문에 초점을 맞추어야 한다.

아이디어에 관해서는 새로운 것을 좋아하지만, 모든 면에서 새로운 것을 좋아하는 건 아니다. 예컨대 나는 똑같은 음식을 먹어도 즐겁고, 똑같은 산책로를 걷는 것도 좋아한다. 똑같은 친구와 동료 그리고 사랑하는 사람과 함께 시간을 보내도 행복하다. 나는 예술과 과학, 공공부문과 민간부문, 테크놀로지 등의 인간 활동 영역에서 새로운 아이디어가 창의성을 촉발하는 불꽃이라고 생각한다.

새로운 아이디어는 현실적으로도 중요하지만, 심리적으로도 중요하다. 새로운 선택 가능성을 만듦으로써 희망과 권한을 주기 때문이다. 새로운 아이디어가 제시될 때 우리는 이런저런 가능성들을 고려하고 논의하여 선택할 수 있는 일종의 '사물'로 구체화하게 된다. 선택을 내리기에 충분한 가능성이 적절하게 주어지지 않는다면 절망적이다. 키르케고르 Søren Aabye Kierkegaard 의 '이것이냐 저것이냐'처럼 양자택일의 가능성만 주어진다면 말이다.

선택을 내릴 때 다양한 관점을 고려하려면, 가능성의 공간을 적어도 세 방향에서 개념화할 수 있어야 한다. 새로운 아이디어에 적절히 대응하면 결정의 순간에 주어진 가능성을 명확히 파악하는 데 도움이 된다. 예컨대 결정을 고려할 때 일차적으로 주어지는 가능성은 대개 분명하고 이분법적인 구조로 존재한다. 이것이나 저것, 둘 중 하나를 선택하는 것이다. 변할 것이냐 그대로 둘 것이냐, 현재의 방법을 고수할 것이냐 새로운 방법으로 전환할 것이냐를 고르는 것이다. 그러나 세 번째 혹은 다른 가능성이 주어져야만 세상에 기여할 수 있는 진정으로 새로운 가치 창출이 가능하다.

그래야 고려되는 공간이 제약의 틀에서 벗어나 새로운 방식으로 확대될 수 있다. '세 번째 가능성'이 제약의 틀에서 벗어나 확대되더라도 이분법적 선택을 타협적으로 결합한 구조를 띨 수 있다. 달리 말하면, 'A의 부분과 B의 부분'을 결합한 형태, '어떤 경우에는 A이고 어떤 경우에는 B인' 구조, 혹은 'A의 부분이 추가로 더해진 B의 부분'이란 형태를 띨 수 있다. A

와 B의 타협적인 결합이 열어주는 새로운 영역은 이렇게 합의된 공간에서만 관찰될 수 있으며, 새로운 차원과 패러다임에서 새로운 해결책을 제시해준다.

우버 Uber 라는 새로운 개념이 대표적인 예이다. 합리적인 가격에 운전기사와 승객을 연결해주는 우버는 차량의 소유/임대와 대중교통/택시라는 이분법적 선택과 불편한 타협을 벗어난 새로운 영역일 수 있다. 나는 이런 심리적인 선택 구조에는 오직 두 가지 가능성밖에 없기 때문에 절망적인 상황이라고 여겨왔다. '도시에서 살 것인가'와 '도시에서 살지 않을 것인가'라는 두 가능성 중 하나를 선택해야 한다고 생각해보라. 이런 이분법적 가능성은 단점과 장점을 양쪽 모두에 조금씩 분배하는 대차대조표식 사고방식으로 이어지며, 만족스럽지 않은 절충안을 낳을 뿐이다.

따라서 '도시에서 사느냐'와 '살지 않느냐'라는 두 가지 선택 가능성을 타협해서 결합함으로써 더 큰 공간에서 새로운 아이디어로 해결책을 모색해야 한다. 예컨대 일정 기간 집을 교환해서 사는 '하우스 스와프 house swap'는 양자택일의 제약에서 벗어난 새로운 영역이다. 나는 어려운 문제를 해결해야 할 때 이분법적인 구조를 만든 뒤 두 가능성이 결합하는 지점에서 만들어지는 세 번째 공간으로부터 새로운 아이디어를 끌어내려고 애쓴다. 'AI가 사람을 공격하는 것을 허용한다/허용하면 안 된다'는 전형적인 이분법적 구조이다. 여기서 만들 수 있는 세 번째 가능성은 AI가 자율적으로 취할 수 있는 행동의 기준을 미리 정해두고 그 밖의 경우에는 실시간으로 인간의 지시에 따르도록 하는 것이다.

요점은 **새로운 아이디어에 적극적으로 대응하는 습관을 활용해 선택의 제약을 넘어서는 통합적 공간의 새로운 아이디어를 창출하고, 그렇게 만들어진 아이디어를 문제의 새로운 해결책으로 받아들이는 것이다.**

데이비드 엡스타인

과학 전문기자이자 자유기고가.

《스포츠 유전자 : 탁월한 운동 능력은 어디에서 나오는가》의 저자.

한 사람만 상상하기

나는 언제나 단 한 사람의 독자나 관객만 염두에 두고 글을 쓰거나 강연을 한다. 실제로는 많은 사람들이 내 글을 읽고 내 강연을 들어주기를 바라니, 모순되는 말처럼 들릴지도 모르겠다. 이런 습관을 가지게 된 이유를 설명하자면 옛일을 이야기해야 한다. 한 명의 독자를 위해 글을 쓰거나 강연하기 훨씬 전에, 나는 한 명의 관중을 위해 달리는 법을 배웠다.

학창 시절 나는 운동선수였다. 고등학교 시절에는 대표 선수로 선발될 정도로 실력이 뛰어나지는 않아서 '걸어다니는 육상 선수'라고 불렸다. 그러다 대학 시절에야 전국적인 수준으로 올라섰다. 나는 대학 시절의 마지막이자 가장 중요한 경기를 앞두고 있었다. 800미터 육상에서 전국 최고 수준의 선수들과 경쟁해야 한다는 사실이 나를 겁먹게 했다. 이런 수준의 대회가 그들에게는 익숙할지 몰라도 나에게는 생소한 것이었다. 이전에도 경주하는 게 두려웠던 적이 많았다.

나만 그런 두려움을 느끼는 것은 아니었다. 훈련 파트너였던 룸메이트는 "선수 생활이 끝나면 더 이상 두려움에 떨지 않아도 되니 좋을 것 같아"라고 말하기도 했다. 우리의 두려움은 어디에서 왔을까? 과학자들은 경쟁이 인간의 '위험에 대한 투쟁 혹은 도피' 반응과 관련된 뇌 회로를 활성화시키기 때문이라고 설명한다. 즉 우리의 불안감은 생사가 달린 상황에서 느끼는 공포와 비슷한 것이다. 하지만 이것만으로는 충분히 설명되지 않는다.

어쩌면 시계처럼 규칙적인 생활에 길들여져, 매일 같은 사람들을 만나왔기 때문인지도 모른다. 가장 친한 친구이기도 한 우리 팀원들 말이다. 그토록 협소한 사회 속에서 우리의 지위는 경기 성적으로 결정되었다. 매주 트랙에서 능력을 드러내 자신의 지위를 확인받거나 가치를 높여야 했다. 우수한 경기력을 선보이면 모든 팀원에게 찬사를 받았다. 반면 연이어 형편없는 경기력을 드러내면 팀원들의 신임을 잃을 수밖에 없었다. 주말 경기는 가장 좋아하는 사람들 앞에서 자신의 능력을 증명하는 시간이었다. 그러니 그 한 번의 경주가 늘 두려울 수밖에 없었다.

그런 상황에 놓여본 사람이 많진 않을 것이다. 적어도 단체 경기나 단체 활동에서는 부담을 나눌 수 있지 않은가. 친구들과 동료들이 지켜보는 가운데 매주 자신의 능력을 입증하고, 그들이 나의 능력과 노력과 잠재력을 평가한다고 상상해보라. 우리 팀에도 그런 압박감을 견디지 못하고 무너진 선수들이 있었다. 훈련 성과가 좋지 않은 선수는 경기에 참가하지 못하거나 팀을 떠났다. 압박감을 이겨내지 못한 친한 친구 하나는 결국 약물에 의존했고, 그 사실이 적발되어 다시는 경기에 참가할 수 없게 되었다. 그 친구는 결코 형편없는 인간이 아니었다. 주위의 기대에 부응해야 한다는 압박감에 시달리다 그만 끔찍한 선택을 내리고 말았던 것이다.

하지만 주변 사람들의 사회적 기대치도 두려움에 대해 전부 설명하지는 못한다. 내 경우에는 외부의 어떤 기대보다도 스스로 품은 기대가 훨씬 더 컸다. 내가 원했던 것은 학업 성적이라든지, 직장이나 인턴십 기회라든지, 여자 친구가 아니었다. 경기 성적이라는 확실하고 최종적인 목표였다. 학업 성적이란 주관적인 것이었고, 일자리와 사랑은 부담이라기보다는 탐구의 영역으로 느껴졌다. 하지만 경기 성적은 매일 계속되는 훈련의 최종 목적지와도 같았다. 10분의 1초를 줄이겠다는 목표가 일상생활의 모든 선택을 결정했다. 이 과자를 먹어도 괜찮은지, 언제 잠자리에 들지, 자유시간을 어떻게 사용할지 등등. 기록 단축이란 목표에 온통 사로잡혀 있었기 때문에 다른 건 생각할 필요가 없었다. 그 목표가 모든 것을 결정했다.

만약 내가 실패한다면 그것은 '진정한 실패'였다. 노력을 하지 않았다거나, 운이 없었다거나, 누가 나를 방해했다거나, 코치의 잘못이라는 등의 어떤 변명도 있을 수 없었다. 실패하면 100퍼센트 나의 잘못이었다. 경기가 끝날 때 시계에 기록되는 숫자는 나의 속도와 인내력이 아니라, 나라는 사람을 측정한 결과였다. 한 인간이자 팀원으로서의 나의 가치, 어떤 목표를 위해 가진 모든 것을 쏟아냈을 때 성공할 가능성을 측정한 결과였다. 장기적인 목표를 달성하기 위해 모든 것을 쏟아부을 때, 성공하든 실패하든 우리의 자아상은 극단으로 치닫는다. 어떤 변명도 통하지 않는다.

안타깝게도 나는 이런 압박을 견디지 못한 때가 한두 번이 아니었다. 중요한 경기를 앞두면 마음을 가라앉히지 못했고, 만약 실패하면 친구들과 팀원들이 어떻게 반응할지, 내 자존심이 견딜 수 있을지 걱정을 떨치지 못했다. 그래서 적당히 달리며 훈련 기준에 못 미치게 연습할 때도 있었다. 한계를 넘어서는 목표를 성취하는 데 필요한 위험을 감수하지 않았던 것이다. 그러나 2002년 3월, 보스턴의 트랙에서 대학 시절의 마지막 경주를 치른 그날, 뭔가가 변했다. 그날 이후 내가 모든 일에 접근하는 방식이 달라졌다.

최상위권 육상선수에게 주어지는 포상을 받으려면 6위 안에 결승선을 통과해야 했다. 여태껏 한 번도 도달해본 적 없는 성적이었다. 내 삶에서 가장 중요한 경기였고, 4년 전 노트에 써둔 뒤 하루도 잊지 않았던 목표였다. 경기일이 시시각각 다가오자 압박감이 나를 무너뜨렸다. 먹을 것이 넘어가질 않았다. 생각을 떨치려고 학업에 집중해보려 했지만, 시시때때로 손바닥을 흥건히 적신 땀을 닦아내야만 했다. 이 경기가 끝나면 다음 기회라는 건 없었다.

경기 바로 전날, 아버지의 전화를 받았다. 시카고에서부터 경기를 보러 오겠다고 말씀하셨는데, 그때부터 내게 변화가 일어나기 시작했다. 아버지는 일 때문에 내가 달리는 모습을 보러 오신 적이 거의 없었다. 처음에는 '내가 신경 써야 할 심판이 또 한 명 늘었네!' 하고 부담스럽기도 했다.

비행기 표를 급히 구하느라 아버지는 경기가 시작되기 조금 전에 도착했다. 몸을 풀고 있다가 경기장으로 헐레벌떡 달려오는 아버지를 보았다. 우리는 반갑게 껴안았는데, 놀랍게도 아버지의 몸이 떨리고 있었다. 눈물까지 글썽이는 것 같았다. 아버지는 그날이 바로 할머니의 기일이라고 했다. 할머니는 아버지가 내 나이쯤이었을 때 암으로 세상을 떠났다.

세상이 갑자기 나를 중심으로 작아진 기분이었다. 친구, 실패, 미래 따위의 모든 것이 머릿속에서 사라졌다. 그 순간 나는 오직 한 사람, 아버지를 위해 달리겠다고 결심했다. 아버지는 육상에 대해 잘 몰랐다. 아버지에게 중요한 것은 내가 최선을 다하는 것뿐이었다. 나는 아버지에게 결승선 가까이에 자리를 구하라고 알려주며 덧붙였다. "오늘 아버지를 위해서 달릴게요!"

우습게 들릴지도 모르겠다. 터질 듯했던 파이프의 압력밸브가 열린 것 같았다. 오직 단 한 명의 관중을 위해서, 심지어 내 기록에는 관심도 없는 사람을 위해서 달린다고 생각하자, 몸을 푸는 동안 저절로 웃음이 나왔다.

한 시간 후, 나는 출발선에 서서 아버지에게 미소를 지어 보였다. 그 선을 다시 지날 때 마지막 한 바퀴가 남았음을 알리는 종소리를 들으며, 어떻게든 아버지에게 최대한 빨리 돌아와야겠다는 생각만 했다. 온 힘을 다해 뛰었다. 내 생애 최고의 레이스였고, 새로운 기록을 세웠다. 타이밍이 완벽하게 맞아떨어져서 기력이 완전히 고갈될 즈음 결승선을 통과했다. 내가 잘해냈다는 건 느꼈지만, 기록은 신경 쓰이지 않았다. 아버지를 보겠다는 생각뿐이었다. 서 있을 기력조차 없을 정도로 기진맥진했지만, 마음은 한없이 기뻤다.

그때를 돌이켜보면, 그날 나를 압박감에서 해방시켜준 결정적인 요인은 오직 한 사람만을 위해서 달리겠다는 그 결심이었다. 그렇게 결심하자 내 마음을 미친 듯이 억누르던 압박감과 최악의 가능성을 염려하던 온갖 두려운 환상들이 순식간에 사라졌다. **한 사람을 위해 뭔가를 하겠다고 마음먹으면, 세상의 관심을 한 몸에 받으며 뭔가를 하는 경우보다 훨씬 더 재미있게 해낼 수 있다.** 그래서 그날 이후, 나는 어떤 일을 하더라도 오직 한 사람만을 위해 그것을 하겠다고 마음먹었다.

그로부터 3년 후, 많은 자료를 조사하고 연구한 끝에《스포츠 유전자》라는 책을 출간했다. 집필 과정에서 다른 과학자와 동료들로부터 '인종과 성별', '1만 시간의 법칙', '본성과 양육의 균형' 등 논란이 되는 주제를 신중하게 다루어야 한다는 이야기를 귀가 따갑도록 들었다. 연구 대학교의 한 저명한 학과장은, 자신에게 중요한 자료가 있지만 논란이 많을 것 같아 발표하지 않고 있다면서, 내게도 그렇게 하는 편이 좋을 거라고 조언했다. 나는 등골이 오싹할 정도로 위축되었다. 그 교수는 내게 집필을 포기할 것을 권하기까지 했다. 그러나 나는 포기하지 않고 '한 명의 관중'이라는 원칙에 충실하기로 했다.

그때부터 나는 공정한 생각을 지닌 친구 한 명을 고르고, 그 친구가 유일한 독자인 양 책을 쓰기로 마음먹었다. 그녀는 무척 똑똑하고 관련 주제에 관심이 많았지만, 그 주제에 대해 특별한 지식이 있는 것은 아니었다. 시험용 독자로 딱 맞았다. 나는 글을 쓰기 전에 내가 찾아낸 것을 그녀에게 이야기해주었고, 초고를 쓰고 나서도 보여주었다. 궁극적으로 오직 그 친구만을 위해 책을 쓰고 있는 것이라고 생각했다.

다른 사람들이 비판하더라도 그녀가 내 글에 만족하면 나도 만족했다. 다른 사람들이 쏟아내는 온갖 충고를 흘려 넘기고 작업에 집중할 수 있는 용기를 얻었다. 마침내 책이 출간되었을 때, 사람들이 우려했던 대목에서 실제로 비판을 받기도 했다. 하지만 찬사가 훨씬 더 많았다. 내 책은 그해 《뉴욕타임스》가 선정한 베스트셀러 10권에 포함되었다.

그 책 덕분에 나는 2014년 테드 TED 강연의 강사로 초대받았다. 《스포츠 유전자》가 성공을 거두면서, 왜 스포츠 기록이 선수의 유전자 진화 속도보다 더 빠르게 경신되는지에 대해 강연해달라는 요청을 받은 것이었다. 그런 기회를 얻은 데 무척 고무되어 나는 곧바로 강연을 준비하기 시작했다. 밴쿠버에서 열리는 강연이 다가왔을 즈음 나는 트레드밀을 달리면서도 원고를 외울 수 있을 정도로 완벽하게 암기한 상태였다. 그 강연에서도 한 사람의 청중에게 집중하는 습관이 큰 도움이 되었다.

강연 당일, 나는 그곳에서 만난 매우 친절한 남자인 더글러스를 유일한 관객으로 점찍었다. 앞줄에 앉아 잘 보였기 때문이다. 관객들에게 내 소개를 시작하고 얼마 지나지 않아 장비에 결함이 발생했다. 강연이 시작된 지 고작 30초쯤 지났을까? 공들여 준비한 슬라이드가 띄워져 있던 스크린이 갑자기 꺼지면서 작동하지 않았다. 사회자는 모든 것을 중단시켰고, 기술자들이 서둘러 복구를 시작했다.

그동안 나는 붉은 카펫에 서 있었다. 높은 강단에 서서 환한 조명을 한 몸에 받은 채 저명한 배우들과 기업인들과 작가들을 내려다보았다. 그저 기다리는 수밖에 없었다. 무작정 기다렸다. 결코 마음 편한 상황이 아니었다. 기술자가 문제를 해결할 수 없을 것 같다고 말하자 눈앞이 캄캄해졌다. 강연을 하는 사람에게는 그야말로 악몽 같은 순간이었다. 전날에도 한 강연자가 비슷한 상황을 겪고 완전히 얼어붙은 바람에, 문제가 해결된 후에도 제대로 강의하지 못하는 모습을 지켜보았다.

나는 그런 문제에 크게 개의치 않기로 했다. 그날은 친절한 더글러스만을 상대로 강연하기로 했다. 청중들이 초조하게 수런거리는 상황이었지만, 나는 더글러스만 계속 쳐다보았고 간혹 그에게 손을 흔들고 미소를 지어 보이며 이렇게 생각했다. '문제가 해결되면 더글러스만을 상대로 강연하겠어. 더글러스는 내 강연을 좋아할 거야!' 사회생활을 시작한 이래 가장 큰 압박을 받은 순간이었지만, 마음은 편안해졌다. 그 덕분에 그 강연은 2014년 테드에서 가장 많이 시청한 강연 중 하나가 되었다. 요즘도 강연을 다닐 때마다 언제나 단 한 명의 관객을 마음속으로 찾아낸다.

지난주, 나는 평생의 반려자를 맞아 백년가약을 맺었다. 결혼 서약은 지극히 개인적인 맹세이기 때문에 가족과 친구들 앞에서 결혼 서약을 하는 것이 약간 민망하다는 생각이 들었다. 하지만 그 맹세를 듣는 사람은 나에게 가장 중요한 사람이었고, 진정한 단 한 명의 청자였다. 이렇게 생각하자 설레고 간절했으며, 놀라운 생각마저 들었다. 결국 결혼 서약은 내 생애 가장 멋진 강연이 되었다.

제2부

지금 다시
시작하기 위한 습관

제임스 크로크

조각 및 개념미술 분야의 시각예술가.

자유기고가이자 문화평론가.

이제 숲에는 호랑이가 없다

상점에서 돈을 받고 점을 치며 조언을 쏟아내는 점쟁이들이나 오가는 행인들에게 달려들어 미래를 축복해주고 동전을 갈취하는 점쟁이들이 있다. 사람들은 이런 점쟁이들을 보며 꽤 재밌어한다. 하지만 생면부지의 타인이 카드를 뒤집거나, 한자 이름의 획수를 헤아려본들 한 사람의 미래를 알아내기란 어렵다. 그나마 예측할 수 있는 게 있다면, 그처럼 미래를 내다보고 싶어 하는 사람의 앞날이 그리 좋아 보이지는 않는다는 것이다.

그러나 가장 쓸모없는 점쟁이는 길가에서 점을 치는 점쟁이들이 아니다. 그들은 적어도 우리에게 재미를 준다. 문제는 우리가 머릿속에 넣고 다니는 고약한 점쟁이다. 우리가 어떤 위험을 무릅쓰려 할 때마다 부정적인 전망만 내어놓는 점쟁이 말이다. 나도 새로운 시도를 할 때마다 미래를 부정적으로 예측하곤 했다. 쓸데없이 돈만 날리는 게 아닐까, 동료들이 내 시도를 빈정대지 않을까, 결국 이빨 빠진 거지로 전락하지 않을까, 하늘이 무너지지나 않을까…….

그래서 내가 들인 습관은 지금 작업 중인 작품, 쓰고 있는 글, 사업상 만나는 사람에게 기대되는 결과를 함부로 예측하지 않는 것이다. 지금처럼 변덕스러운 문화의 흐름 속에서 어떤 예술작품의 결과, 어떤 평론이 차지할 위치, 인간관계의 흐름을 미리 예상한다는 것은 사실상 불가능하다. 하나의 예술작품이나 문화적 산물이 나중에 어떤 평가를 받을지 자신 있게 말할 수 있는 사람이 누가 있겠는가? 한 명도 없다! 적어도 나는 아니다. 차라리 3년 후의 날씨를 예측하는 편이 더 정확할 것이다.

내가 구름으로 가득한 흐린 날을 기대하는 음울한 존재라서 부정적으로 생각하는 게 아니다. 인간의 진화 과정에서 걱정과 비관이 머릿속에 프로그래밍되어 확고히 자리 잡았기 때문이다. 부정적 인생관을 극복하라는 것은, 진실이 아닌 것을 믿는 '가긍정적 판단 false positives'을 버리고, 진실인 것을 믿지 않는 '가부정적 판단 false negatives '을 받아들이며 인간의 유전 자에서 벗어나라는 소리나 마찬가지다.

예를 들어, 우리 조상이 숲을 지날 때 어딘가에 호랑이가 숨어 있다가 뛰쳐나올 거라고 예상했다고 해보자. 그러나 호 랑이는 없었고, 그는 계속해서 갈 길을 갔다. 이런 상황은 가 긍정적 판단이다. 반면에 그가 숲을 지나던 중에 호랑이가 웅 크리고 있는 걸 보았지만, 호랑이가 아닐 거라고 생각했다면? 그런 생각은 가부정적인 것이며 그런 사람은 일찌감치 죽어 유전자 풀에서 벗어났을 테니, 우리의 조상이 아닐 것이다. 자연은 걱정하고 불안에 떠는 사람, 미래를 부정적으로 예측 하며 방어기제를 세우는 사람의 편이다.

그러나 과거에는 이런 성향이 반드시 필요했을지 몰라도 현대에는 우리를 가로막는 장애물일 뿐이다. **이제 호랑이는 갇혀 있는데도 우리 머릿속의 점쟁이는 아직도 사라지지 않 았다.** 내가 안절부절못하는 머릿속의 점쟁이를 무시하는 습 관을 들인 건 윤리적인 사안이나 현실적인 문제 때문이 아니 다. 그보다는 진실의 문제이기 때문이다. 그것은 결코 진실이 아니며, 오히려 정반대의 것을 의미할지도 모를 중요한 사항 들을 간과하게 만들 수 있다.

이런 사례가 있었다. 악몽 같은 불경기를 지나며 내가 알고 지내던 작가나 미술가들 중 상당수가 일거리와 수입이 없어 파산했다. 예술가들이 경제적 궁핍을 겪는 동안 한 가지 현상이 눈에 띄었다. 불경기에 창작된 예술작품은 경제적 호황기에 만들어진 작품보다 질적으로 우수한 경향을 보인다는 점이었다. 이유는 단순했다. 작품 활동에 쏟는 시간이 더 많기 때문이었다. 수입이 없으면 미술가는 작업실에서, 작가는 책상 앞에서 더 완벽한 작품을 만들어내기 위해 다듬고 또 다듬는 과정을 수없이 되풀이하게 된다.

경제적인 불황이 극심하던 당시, 주변의 작가나 미술가들이 위상과 경제적 안정의 상실을 한탄할 때마다, 나는 그들에게 과거 작품에 비해 최근 작품이 질적으로 훨씬 좋아졌다는 점을 언급했다. 그러자 그들은 현재의 처지와 미래의 전망을 다르게 생각하기 시작했다. 무작정 '긍정적인 사고방식'을 가지라거나 동기부여 강의를 들으라는 뜻이 아니었다. 그것은 누군가의 전기세나 치과 치료비 같은 구체적인 문제를 해결해주지는 않는다. 나는 그들이 상황을 판단하고 예측하는 과정에서 간과한 사실을 알려주었을 뿐이다. 그들이 젊은 시절의 능력을 되살려내고 있다는 사실 말이다. 수입이 바닥나자, 완전고용을 누리고 있던 그들 머릿속의 점쟁이에게 의문을 제기한 것이다. 그저 바로 앞에 놓인 작품들을 관찰한 결과였다.

그렇다고 길을 건너기 전에 양쪽을 살펴보지 말라는 건 아니다. 은행 통장에 잔고가 얼마나 남았는지 신경 쓰지 말라는 것도 아니다. 우리가 위험에 빠지거나 돈이 절실하게 필요한 경우는 경험적으로 구분할 수 있다. 다만 경력과 인간관계에 있어, 미래를 걱정하며 위험을 감수하지 말라는 내면의 노스트라다무스를 무작정 따르는 것이 옳은 태도는 아니라는 말이다. 이제 숲에는 호랑이가 없다.

비관주의에 관한 유명한 일화가 있다. 한 상인이 자동차를 타고 시골길을 가다가 타이어에 펑크가 났다. 그런데 타이어를 교체할 차량용 잭이 없었다. 그는 들판 건너편에 있는 농가로 잭을 빌리러 달려간다. 울타리를 넘으려다 바지가 찢어진 그는 '찢어진 바지를 입은 사람에게 누가 잭을 빌려주겠어?' 하고 걱정한다. 이번에는 쇠똥 위에 넘어졌다. '쇠똥도 제대로 피하지 못하는 도시 사람이라고 농부가 놀리겠지' 하고 또 걱정한다.

발걸음을 내디딜 때마다, 땀에 젖은 얼굴에 모기와 벌레가 달려들어 물어뜯는다. 그는 '가봤자 뻔할 거야. 최악의 하루야! 찢어진 옷에 똥 냄새를 풍기는 나를 보면 농부가 배꼽이 빠지도록 웃겠지'라고 생각한다. 15분 뒤 그는 농가의 현관에 들어선다. 그는 머릿속에서 중얼거리던 점쟁이의 최후의 일격으로 결국 이렇게 소리치고 만다. "됐어요, 잭 안 빌리면 되잖아요!"

이번에는 내가 들인 습관을 이용해 한 걸음 내디딜 때마다 점쟁이에게 반박해보겠다. 하나, 농부는 지난 몇 주간 외부인을 전혀 만나지 못해 그를 보고 반가워한다. 둘, 농부는 그의 몸에 묻은 쇠똥을 보고 잃어버렸던 소를 찾을 수 있게 된다. 셋, 농부는 제대로 작동하는 자동차 잭을 가지고 있다.

내 가정이 앞선 도시 상인의 가정보다 덜 미더운가? 나는 그렇게 생각하지 않는다. 부정적인 예측은 부정적으로 끝날 가능성이 높지만, 긍정적인 예측은 그렇지 않다. 즉, 나는 곤경에서 벗어날 가능성이 있지만, 이야기 속의 도시 상인은 그렇지 않다.

하나의 실화를 가져와 머릿속의 점쟁이를 적용하면 이야기가 어떻게 변할지 상상해보자. 고졸 학력의 한 남자가 군에 입대했는데, 기초훈련도 이겨내지 못한다. 대학 교육을 받지 못한 그는 아내의 예술사 학위를 도용해, 로스앤젤레스에서 미술관을 시작한다. 그는 첫 전시회 기회를 예술 교육을 받은 적도 없는 쇼윈도 디자이너에게 제공한다. 디자이너는 예순일곱 살의 늙은 체스 애호가에게 야채수프들을 그린 그림을 전시해달라고 부탁한다. 마찬가지로 교육을 받지 않은 체스 애호가는 철물점에서 구입한 물건들을 전시하려 한다.

이처럼 우스꽝스러운 사태의 연속은 어떤 결과를 가져올까? 당신이 비관적인 점쟁이의 예언에 휘둘린다면 분명히 참담한 결과, 실패자들이 연 최악의 전시회를 예측할 것이다. 그런데 화랑을 시작한 미술상은 월터 홉스 Walter Hopps, 수프 통조림을 전시한 예술가는 앤디 워홀 Andy Warhol, 체스 애호가는 마르셀 뒤샹 Marcel Duchamp 이었다. 현재 수십억 달러의 예술 시장에서 거의 20퍼센트가 앤디 워홀의 팝아트를 거래하고 있고, 마르셀 뒤샹은 팝아트와 개념예술의 창시자로 여겨지며 지난 20세기의 가장 중요한 예술가가 되었다. 월터 홉스는 그 후로도 20세기를 아름답게 수놓은 많은 전시회를 기획함으로써 빛나는 경력을 쌓았다.

그렇다고 내가 월급쟁이들에게 홉스처럼 미친 듯이 생각하고 행동하라고 부추기는 것은 아니다. 다만 그의 남다른 모험 정신과 결과에 주목할 필요가 있다. 나는 길을 건너기 전에 양쪽을 신중하게 살펴보지만, 그때마다 매번 양쪽에 뭔가가 있는 것은 아니다. 내 머릿속의 점쟁이는 이제 쫓겨나서 실직한 상태이다. 당신의 머릿속에 웅크리고 앉아 비관적인 예언을 쏟아내는 점쟁이도 이제 쫓아내야 하지 않겠는가!

사라 시거
행성학자이자 천체물리학자.
《타임》 선정 '우주에서 가장 영향력 있는 25인' 중 하나.

약간의 불편한 상황을 경험해보기

평연구원 시절에 나는 나 자신을 완전히 믿지 못했다. 어느 정도 업적을 쌓고 난 다음에도 여전히 자신감이 부족했다. 다행히 나의 멘토가 이런 문제를 해결하는 데 도움을 주었다.

가장 먼저 할 일은 문제가 무엇인지부터 파악하는 것이다. 꿈이 크고 의욕에 넘치는 사람은 종종 자신에게 가장 혹독한 비판자가 되기도 한다. 약점이나 실수를 건설적으로 개선해나가는 것도 필요하지만, 긍정적인 면을 묻어버린 채 부정적인 면에만 주목한다면 앞으로 나아가기 어렵다. 위험을 무릅쓰고 과감히 도전하며 시련을 이겨내려면 자기 자신을 믿어야 한다.

"정말 끔찍했어! 더 잘했어야 했는데! 더 잘할 수 있었는데!" 우리는 얼마나 많은 시간 동안 이런 자책에서 벗어나지 못하는가? 반면, "잘했어! 이런 창의적인 해결책을 생각해내다니!" 하며 자신을 칭찬하는 경우는 얼마나 적은가? 의식적으로 노력하지 않으면 우리는 긍정적인 면에 거의 주목하지 않는다. 어떤 일에서 거둔 성공에 주목하고 그것을 되새기는 것이야말로 또 다른 성공을 부르는 지름길이다. 처음에는 의식적인 노력이 필요하지만, 반복하다 보면 나중에는 습관적으로 주목하게 된다.

나의 멘토는 '비전북'을 만드는 것이 긍정적인 면에 집중하는 데 도움이 될 거라고 조언했다. 비전북은 자기 자신의 성공에 관련된 자료들을 모아 분류한 파일이다. 사람마다, 직업마다 다르겠지만 내 경우 일자리 제안이나 승진을 통보받은 편지, 학술지에 발표한 논문, 대학과 단체들로부터 온 강연 초청장과 포스터, 그 외 감사 편지나 이메일 등으로 분류해 보관했다. 처음에는 각 범주에 두세 건이 고작이었지만, 시간이 지나면서 점점 두꺼워졌다. 그 자료가 대단한 것인지 보잘것없는 것인지는 중요하지 않다. 눈으로 확인할 수 있는 긍정적 증거들이 모여 있다는 사실이 핵심이다.

비전북 한 장을 넘길 때마다 긍정적인 생각이 하나씩 눈에 들어왔다. 나는 매일 밤 잠자리에 들기 전에 반드시 비전북을 보며 긍정적인 생각들이 잠재의식에 스며들게끔 했다. 스스로 일군 성과에 대해 나 자신이 긍정적으로 인정하자, 그 효과는 놀라웠다. 나의 세계관마저 바꿀 정도였다. 자신감을 갖추게 되자, 더 이상 비전북도 필요하지 않게 되었다. 부정적인 면보다 긍정적인 면에 집중할 수 있었고, 덕분에 계속해서 성공적인 성과를 거둘 수 있었다.

자신감의 부족은 성공을 가로막는 심각한 장애물 중 하나다. 나는 젊은 과학자들을 지도하면서 부족한 자신감을 되찾을 수 있는 해결책을 하나 찾아냈다. **먼저 자신감이 부족한 영역을 구체적으로 명확하게 찾아내고, 그 영역에서 약간의 불편한 상황을 경험해보는 것이다.** 한마디로, '편안한 영역 comfort zone'에서 적당하게 지내겠다는 생각을 버리는 것이다. 약간 불편한 상황이 편안하게 느껴지게 되면, 그다음에는 거기서 좀 더 멀리 나아가보는 것이다. 이런 식으로 계속해나가면 그 영역에 대한 자신감이 눈에 띄게 향상될 것이다. 다음 두 가지 사례를 살펴보길 바란다.

첫 번째 사례 : 권위를 두려워하는 연구원

내가 아는 어느 연구원은 직책이 높은 사람을 유난히 두려위했다. 그 문제에 대해 함께 머리를 맞대고 고민하던 중, 건물 복도에 붙어 있는 포스터를 보고 좋은 생각이 떠올랐다. 포스터에는 한 달 후 열리는 강연에서 MIT 총장이 특별 연사를 소개할 예정이라고 쓰여 있었다.

나는 연구원에게 약간 불편한 상황을 제안했다. "자네의 임무는 총장에게 다가가 자기소개를 하는 거야. 총장은 연사를 소개하고 나서 강연장을 떠날 테니, 그때 따라가서 말을 건네 봐." 두려운 일일 수 있지만, MIT 총장보다 더 높은 사람을 가까운 곳에서 찾기는 힘들지 않겠는가? 그녀는 내 제안에 동의하며 괜찮은 훈련이 될 것 같다고 했다. "최악의 상황이랄게 뭐가 있겠어? 총장은 누구에게나 친절한 사람이고, 그래야만 하는 자리이기도 하니까." 나는 이렇게 용기를 북돋워주었다.

특별 초빙 강연이 끝나고, 나는 결과가 어떻게 되었을지 너무나 궁금했다. 그녀를 만나자마자 어떻게 됐느냐고 물었는데 대답이 놀라웠다. 그녀는 그날 강연에 참석해 연사 소개를 듣고, 강연장을 떠나는 총장을 따라가 자신을 소개했다고 했다. 어떤 일이 일어났느냐고? 모든 것이 순조로웠다. 총장은 연구원에게 미소를 지어 보이며 "만나서 반갑습니다"라고 화답해주었다고 한다. 놀라운 것은 연구원이 보인 반응이었다.

그녀는 그것이 그리 어렵지 않았고 스트레스를 받지도 않았다고 했다. 중요한 것은 그녀가 편안한 영역에서 벗어나 어색하고 불편한 상황에 과감히 뛰어들었고, 그 상황이 생각처럼 어렵지 않다는 것을 실감했다는 점이다.

물론 그 한 번의 경험으로 문제가 완전히 해결된 것은 아니었다. 연구와 분석을 통해, 일반적인 권위자들보다도 자신의 연구를 비판하는 특정 분야의 권위자가 자신감을 빼앗아간다는 사실을 알게 된 것이다. 우리는 이후에도 여러 훈련을 단계적으로 시행했고, 그녀는 차근차근 자신감을 키울 수 있었다.

두 번째 사례 : 수줍음이 심한 학생

뛰어난 지식을 갖췄고 문제 해결 능력도 탁월했지만, 숫기가 없어 사회생활이 불가능할 지경인 학생이 있었다. 같은 팀 동료가 아닌 다른 사람에게 말을 거는 것은 그에게는 그야말로 거대한 투쟁이었다. 그런 수줍음을 극복하지 못한다면 성공할 가능성은 희박해 보였다. 자연과학에서 대화는 아주 중요하다. 자신의 견해를 제시하기 위해서도 그렇지만, 다른 학자들에게 질문하고 배우는 과정이 필수이기 때문이다. 그 역시 수줍음을 극복하고 싶어 했기에 우리는 연습에 돌입했다.

첫 번째 연습은 학술발표에 참석하는 것이었다. 나는 그 학생에게 혼자 참석해 서너 명의 발표자에게 질문을 해보라는 과제를 주었다. 그는 돌아와서 몇몇 발표자에게 질문하는 데 성공했다고 말했다. 처음에는 무척 어색하고 불편했지만, 횟수가 거듭될수록 점점 편해졌다고 했다. 그러나 한마디 짤막한 대답이 전부였으므로 곧 대화는 끝났다. 그것으로는 충분치 않았다.

또 다른 학술발표에서 두 번째 연습을 시도했다. 이번에는 환영회에 참석해, 같은 지위에 있는 학생이 아니라 중견 연구원에게 질문하는 과제였다. 한 문장으로 끝나는 질문이 아니라 실질적인 대화로 이어지는 질문이어야 했다. 이번에도 나는 "최악의 상황이 뭐가 있겠어? 발표회에 참석하는 학자들은 대체로 학생들에게 자상해서 질문을 무시할 가능성은 거의 없을 거야"라고 용기를 북돋워주었다.

낯선 사람에게 접근해 가벼운 이야기를 주고받는 것을 대수롭지 않게 생각하는 사람도 있지만, 이 학생에게는 심히 힘든 일이었다. 역시 자신감 부족에서 비롯된 것이었다. 일반적으로 '최악의 시나리오'는 일어나지 않기 때문에, 이런 시도를 할 때마다 자신감이 쌓이기 시작한다. 그 학생도 그렇게 자신감을 회복하기 시작했다.

사람마다 자신감이 부족한 영역은 다르다. 멘토나 짝을 통해 부족한 부분을 정확히 찾아내고, 편안한 영역에서 벗어나는 훈련을 통해 자신감을 구축해가는 것이 중요하다.

루 매리노프

뉴욕시립대학교 철학과 교수이자 미국철학실천가협회의 설립자.
《철학 상담소》 등의 저자이자 철학 카운슬링의 선구자.

작게 시작하면 된다

나는 물론이고, 나의 학생들과 고객들에게도 유익한 것으로 증명된 습관이 하나 있다. 바로 위대한 것을 작은 것들의 합으로 생각하는 습관이다. '생각'과 '실천'은 밀접하게 연결되어 있어 '원인'과 '결과'의 관계와 유사하다. 열망이든 도전이든, 역경이든 꿈이든, 또는 일상적인 일이든 특별한 일이든, 우리가 삶의 목표를 성취하는 방법은 우리가 그것을 어떻게 바라보는지에 따라 달라진다. 눈앞에 닥친 과제의 엄청난 크기에 미리 겁을 집어먹고 의욕을 잃어버리는 사람들이 적지 않다. 중요한 과제에 직면했을 때 너무 어려운 일이라 지레짐작하고 포기하는 사람들도 있다. 사실 과업 그 자체의 어려움보다도 이런 자멸적인 세계관 때문에 목표를 성취하지 못하는 사람이 더 많다.

큰일이든 작은 일이든, 성공의 비결은 그것을 작은 단계들의 합으로 생각하는 것이다. 이 점은 오랜 세월에 걸쳐 입증되었다. 이런 세계관이 가장 명확하게 나타난 것은 고대 중국 철학이다. 노자老子는《도덕경》63장에서 다음과 같이 말했다.

세상의 큰일은 작은 것에서 시작된다.
사람이 두 팔로 겨우 감싸는 커다란 나무는 연약한 싹에서 돋아난 것이다.
9층 탑은 흙더미에서부터 올라선 것이고 천릿길은 한 걸음부터 시작된다.
따라서 성인은 결코 대단한 일을 시도하지 않지만 대단한 업적을 이루어낼 수 있는 것이다.

이런 세계관을 받아들인 지 수십 년이 흘렀고, 덕분에 나는 지금까지 성공을 거둘 수 있었다. 첫 번째 사례는 글쓰기에 대한 것이다. 많은 대학생이 리포트를 쓰는 데 어려움을 겪는 주된 이유는 리포트를 '큰일'이라고 생각하는 잘못된 판단 때문이다. 학생들이 리포트 쓰기를 대단한 과제라고 생각하면, 작성하기 전부터 겁을 먹고 게으름을 피우며 마지막 순간까지 미루게 된다. 그러면 그것은 실제로 극복하기 힘든 장애물이 되어버린다.

이 문제를 극복하려면 노자의 조언대로 '작게' 시작해야 한다. 당면한 과제의 논점을 한 문장으로 공들여 작성해보는 것이다. 그 한 문장을 에세이의 논점에 맞추어 다양하게 표현하고, 논점을 뒷받침하는 논증을 간략하게 제시하는 동시에 제기될 수 있는 반론을 설득력 있게 반박한 후에 결론을 내리면 된다. 이 작은 단계들은 개별적으로는 겁날 게 없다. 이 작은 단계들을 연속적으로 이어놓으면, 하나의 문장은 어느덧 수천 단어로 잘 짜인 리포트로 완성된다. '세상의 큰일은 작은 일에서 시작된다.'

글쓰기를 이런 관점으로 접근하면 책을 쓸 때도 마찬가지로 무척 유용하다. 단지 리포트보다 더 '큰' 과제에 도전하는 것이라고 생각하면 된다. 물론 책을 쓰는 작업은 엄청난 과제로 여겨질 수 있다. 특히 처음에는 더더욱 그렇게 느껴질 것이다. 알베르 카뮈 Albert Camus 는 소설 《페스트》에서 희비극적 역할을 맡은 말단 공무원 조제프 그랑의 모습을 통해 이를 표현했다. 그랑은 '위대한' 소설을 쓰려고 노력하지만, 첫 문장을 넘기지 못한다. 첫 문장이 완벽해질 때까지 쓰고 또 쓰지만 성공하지 못한다. 결국 그는 한 걸음도 앞으로 나아가지 못한다.

나는 지금까지 11권의 책을 썼고, 그중 7권이 출간되었다. 나는 노자가 충고한 방법과 관점, 즉 '작게 시작하기'를 지금도 충실히 지키고 있다. 예컨대 책을 쓰려면 전반적인 개념부터 시작한다. 그러고는 한 장의 종이에 목차를 작성하고 각 장에 제목을 붙이고 대략적인 내용을 정리한다. 이 한 장의 종이가 책의 뼈대와 골격을 구성한다. 다음 단계도 작기는 마찬가지이다. 각 장을 한 문장으로 요약한다. 다음 단계도 크게 키우진 않는다. 각 문장을 짤막한 단락으로 확대한다. 다시 말해 각 장을 요약하는 것이다. 그다음은 각 장을 요약한 단락을 몇 페이지로 확대하고, 그 후에 완전한 장으로 써낸다. 이렇게 하면 순식간에 두툼한 원고가 완성된다. 이 원고를 가지고 마음에 들 때까지 편집하고 수정하면 된다. 머나먼 장거리 여행도 한 걸음에서 시작되듯이, 세상에서 가장 두꺼운 책도 당신의 엄지손가락 아래 한 장의 종이에서 시작되는 법이다. '세상의 큰일은 작은 일에서 시작되는' 것이다.

음악에서도 그 예를 찾을 수 있다. 클래식 기타 연주는 내가 평생 사랑해온 취미다. 어떤 악기든 유명한 곡을 배워서 연주하는 것은 무척 어려운 일이지만, 노자의 조언을 따르면 달라진다. 1980년대 몬트리올의 플라스 데자르에서 안드레스 세고비아 Andrés Segovia 가 연주하던 모습이 아직도 기억에 생생하다. 당시 여든이 넘은 세고비아는, 연주회가 끝난 후 그 나이에도 손가락을 그토록 유연하게 유지하는 비결이 무엇이냐는 질문을 받았다. 그는 무척 간단하다며, 하루에 여섯 시간씩 연습하는 것이라고 대답했다. 특히 음계와 아르페지오와 연습곡 등을 통해 기술적인 면을 연습하는 데 할애하는 처음 세 시간의 중요성을 강조했다. 그는 그런 연습 덕분에 그 나이에도 손가락의 현란한 움직임을 유지할 수 있었던 것이다. 세고비아의 수준에 이른 기타 연주자는 거의 없지만, 음계와 아르페지오와 연습곡을 연주하는 방법은 누구라도 배울 수 있다. 사소하지만 반드시 필요한 연습이다. 이런 연습으로 토대가 단단히 갖추어졌을 때, 유명한 곡이라는 건축물이 그 위에 세워지고 유지될 수 있는 법이다.

이처럼 작고 기초적인 단계를 수십 년 동안 끈기 있게 반복한 끝에 나는 얼마 전 클래식 기타를 단독으로 연주한 CD를 발표할 수 있었다. 바흐의 〈피아노를 위한 2성부, 3성부 인벤션〉의 일부를 편곡한 최초의 기타 연주곡이 그 안에 담겨 있다. 뉴욕시립대학교 음악과 학장으로부터 "그 CD를 들고 애장하던 세고비아 선집을 방금 던져버렸습니다!"라는 유머러스한 찬사를 받기도 했다. 앨범의 제목인 〈클래식 여행〉은, 클래식 기타와 함께한 나의 40년 삶과 기타 연주곡의 400년 역사를 함께 표현하는 것이었다. 노자가 말했듯이, 가장 긴 여행도 발끝, 아니 이번 경우에는 손끝에서부터 시작되는 것이었다.

위대한 일을 작은 일들의 합으로 생각하는 세계관은 문학과 음악뿐만 아니라, 문자 그대로 여행에서도 유익하다. 예컨대 우리가 어떻게 100만 마일 약 160만 킬로미터 을 여행할 수 있을까? 단거리, 중거리, 장거리 여행을 수없이 반복하면 가능하다. 100만 마일에 비교하면, 어떤 장거리 여행도 짧게 여겨진다. 여기서 다시 노자의 가르침을 깨닫게 된다. 단번에 100만 마일, 아니 1만 마일이라도 날아가겠다는 생각을 버리고 다음번에도 짧은 거리를 가겠다고 다짐하라. 그런 여정을 반복하면 어느덧 100만 마일이 훌쩍 넘어갈 것이다.

하이킹의 경우도 마찬가지다. 지난여름 나는 6일 동안 잉글랜드 레이크디스트릭트 국립공원의 중심부를 관통하는 컴브리아 길을 걸었다. 올해 1월에는 뉴질랜드 피오르드랜드 국립공원에 있는 밀포드 트랙과 루트번 트랙을 걷는 하이킹에 성공했다. 다채로운 풍경과 변화무쌍한 지형을 만끽할 수 있는 무척 아름다운 하이킹이었다. 15킬로그램의 배낭을 짊어지고 무거운 DSLR 카메라까지 들고서 틈만 나면 발걸음을 멈추며 어떻게 하루에 20킬로미터씩 걸을 수 있었느냐고? 그때도 역시 '한 번에 한 걸음씩'이라는 원칙을 벗어나지 않았다. 세상에서 가장 긴 하이킹도 작은 발걸음의 합에 불과하다. 어떤 장대한 걸음도 결국 당신의 발끝에서 시작된다.

마지막으로 컨커디어대학교에서 보낸 학부 시절의 이야기를 해보겠다. 나는 이론물리학으로 학사학위를 받았고 최우등생으로 졸업했다. 평균 A학점을 받는 우수한 학생들이 많은 데다 대학원 입학 경쟁도 치열하던 때였다. 평균 평점을 A+로 올린 덕분에 A학점을 받은 학생들보다 우위를 확보할 수 있었다.

여기에는 모든 모범생들이 그러하듯 꾸준히 공부하는 습관 외에도 작은 습관 하나가 더 작용했다. 어떤 강의도 빠지지 않겠다는 규칙이었다. 4년이란 기간 중에 한 번의 결석쯤은 지극히 사소하게 보일 수도 있다. 하지만 이제 '지극히 위대한 것도 작은 것의 합'이라는 진리를 깨달았기를 바란다. 한 강의도 빼먹지 않겠다는 작은 습관 덕분에 나는 학력란을 화려하게 채울 수 있었다.

교수들은 강의하는 동안 숙제와 시험에 관련된 직간접적

인 힌트를 흘렸다. 교수들이 언제 무엇을 말할지는 누구도 알수 없다. 강의에 빠짐없이 출석하고 주의 깊게 경청한 덕분에, A와 A+의 차이로 이어지는 중요한 단서들을 모을 수 있었다. A와 A+의 차이는 아주 작다. +표시가 있느냐 없느냐에 불과하다. 그러나 많은 강의에서 이 작은 차이가 되풀이되면, 전체 성적을 올리는 데 엄청난 이점이 된다. '세상의 큰일은 작은 일에서 시작된다.' 학부 시절의 성적 덕분에 영연방 장학금을 받았고, 유니버시티칼리지 런던에서 박사학위를 끝낼수 있었다. 대학에 재학하는 동안 나는 권위 있는 상이나 박사학위 같은 큰일은 한 번도 생각한 적이 없었다. 오히려 '오늘의 강의는 무엇에 대한 것인가', '오늘의 강의에서 무엇을 배울 것인가'와 같은 작은 것에 집중했다.

이번에는 똑같은 질문을 자신에게 던져보라. 이 글은 무엇에 대한 것인가? 이 글에서 무엇을 배워야 하는가? 나는 이 이야기를 통해 노자의 《도덕경》 63장에 담긴 '삶에서 작은 것을 소중하게 생각하면 큰일은 자연스레 완성된다'라는 교훈을 쉽게 전해주고 싶었다. 그 바람이 잘 전달되었기를 바란다.

마셜 골드스미스
세상에서 가장 영향력 있는 리더십 전문가 중 하나.
《모조》,《일 잘하는 당신이 성공을 못하는 20가지 비밀》 등의 저자.

자신에게 일일 질문 던지기

나는 오래전부터 특이하다 여겨질 만한 습관을 갖고 있다.
매일 정해진 시간에 누군가에게 전화를 받는다. 내가 고용한
사람이다. 그를 고용한 목적은 단 하나이다. 내가 간단하게
자체 진단한 질문지의 점수를 들어주는 것이다. 그 질문지는
내 삶의 우선순위에 대해 간단한 점검표 역할을 한다. 규칙적
으로 운동하고, 목표를 정해 다른 사람들과 긍정적으로 교류
하는 데 최선을 다했는지를 묻는 질문들이다. 나에게 전화를
건 사람은 내 대답을 점잖게 듣고 짤막한 격려의 말을 건네고
는 전화를 끊는다.

이런 자기평가를 오래전부터 해온 목적이 뭐냐고? '일일 질

문'이라 이름 붙인 이 과정을 통해 나는 더 행복하고 건강한 사람이 되겠다고 매번 다시 다짐한다. 연간 180일 이상 세계 각지를 돌아다니며 강의하는 경영 컨설턴트로서의 무질서한 삶에 꼭 필요한 규율을 부여하는 방법이기도 하다. 나는 대학원 강의실에서도 학생들에게 직접 질문지를 작성해서 스스로 시험해보라고 권한다. 대부분의 학생들이 적극적으로 참여하는 편이다. 지금까지 약 3천 명이 온라인판 '일일 질문'에 가입했고, 내게 질문을 작성하는 방법에 대해 조언을 구했다.

그처럼 간단한 습관적 행위 때문에 돈까지 들여 다른 사람을 고용할 필요가 있느냐고 의문을 가질 사람도 있을 것이다. 점검표에는 치실질을 했느냐는 질문도 있을 정도이다. 정상적인 성인이라면 혼자서도 그 정도는 충분히 기억할 수 있지 않은가? 맞는 말이다. 정상적인 성인이라면 당연히 기억할 수 있어야 한다. 하지만 《트리거 : 행동의 방아쇠를 당기는 힘》이라는 책에서도 말했듯이, 일상적으로 반복되는 단순한 행위가 통제하기 가장 어렵다. 그 간단한 행위들을 어떻게 통제하고 관리하느냐에 따라, 윤택하고 풍요로운 삶과 궤도에서 벗어난 절망적인 삶이 나뉜다.

우리 문화는 의지력과 독립심을 추켜세우는 경향이 있기 때문에, 그런 기본적인 항목에 대해서까지 다른 사람의 도움을 받는 건 옳지 않다고 생각하는 이들이 대다수이다. 어렵고 복잡한 문제에서나 남들에게 도움을 받는 게 허용된다. 이런 관점에서는 '일일 질문'이 아무리 봐도 무의미하게 보일 수 있다. 내가 직접 작성해서 답을 이미 알고 있는 테스트를 매일 반복해야 할 이유가 있을까? 게다가 그 질문이란, 단순히 목표를 성취하기 위해서 최선을 다했는지 물을 뿐이다. 그 목표도 대단한 것이 아니다. '내가 노력했는가'를 묻는 것일 뿐이다.

이 과정을 수년 동안 시도해본 바에 따르면, 직관적 판단과 달리 일상에 대한 질문들이야말로 무척 힘든 테스트, 어쩌면 가장 힘든 테스트이다. 그 이유를 이해하려면 먼저 인간 행동의 원리를 알아야 한다. 행동은 변하기 힘들다. 정말 힘들다.

강연장에서 사람들에게 지금까지 가장 힘들게 이루어낸 변화에 대해 물어보면, 어김없이 그들이 이룬 가장 큰 성취를 언급한다. 예컨대 의과대학에 입학한 것, 마라톤을 완주한 것, 수플레 거품을 낸 달걀흰자에 치즈와 감자 따위를 섞은 뒤 오븐에 구워 부풀린 요리를 완벽하게 만든 것 등이다. 물론 그런 성취는 인상적이다. 나는 지금껏 그런 성취를 이뤄본 적이 없다. 하지만 사소한 행동의 변화는 훨씬 더 어렵다.

어떤 목표를 성취한다는 것은 산을 오르는 것과 비슷하다.

정상에 올라서서 잠깐 짜릿한 순간을 맛보며 정상에 올랐음을 확인하고는 다시 내려간다. 그러나 행동을 바꾼다는 것은 숨 쉬는 동안 하루도 빠뜨리지 않고 그 산을 오르내린다는 뜻이다. 만약 당신이 지금부터라도 먹는 양을 조절하는 행동의 변화를 꾀할 작정이라면, 한 번 시도한다고 해서 식습관이 달라지지는 않는다. 평생 매일 반복해야 한다. 지금보다 더 인내하고 경청하는 사람이 되겠다거나 담배를 멀리하겠다는 등의 변화도 마찬가지다.

이런 행동 변화를 등산에 비유하는 이유는 어렵게 느껴지기 때문이다. 특히 처음에는 무척 어렵게 느껴진다. 그러나 반복하는 것만으로도 새로운 행동은 필연성을 띠게 되고 나중에는 그 습관을 어기는 것보다 따르는 게 쉬워진다. 행동을 바꾸려면 상당한 시간이 걸리고, 불굴의 의지가 필요하다. 행동 변화는 지각을 지닌 인간이 이루어내기 가장 힘든 일이라고 말하고 싶을 정도이다.

당신이 바꾸려 했던 뭔가를 떠올려보라. 그 변화를 이루어내려고 얼마나 오랫동안 노력했는지 돌이켜보라. 당신이 꾀하려던 변화에 대해 두 가지는 확실하게 말할 수 있다. 첫째, 그 변화가 당신에게 중요한 것이라는 점이다. 그렇지 않으면 힘들게 바꿔야 할 이유가 어디에 있겠는가? 둘째, 무척 오래전부터 노력해왔을 것이란 점이다. 하루 이틀이 아니라 달수나 햇수로 헤아려야 할지도 모른다.

당신은 결코 사용해본 적 없는 재능을 생각하며, 혹은 조금도 빠지지 않은 체중이나, 한 번도 다독거려준 적이 없는 자식을 생각하며 후회하고 있을지도 모른다. 결론적으로 중요한 것은 우리의 행동이다. 성취보다도 행동 자체가 더 중요하다. 임명장이나 대학 학위를 매일 만지작거리며 살 수는 없어도, 하루하루 더 나은 사람이 되겠다는 각오로는 살 수 있다.

일일 질문은 무척 어렵다. 정직하게 대답하려면 질문 사항들과 냉정하게 맞닥뜨려야 하기 때문이다. 게다가 내가 직접 질문지를 작성했기 때문에, 어떤 외부의 존재가 중요하지도 않은 목표를 강요했다고 핑계를 댈 수도 없다. 정확한 답을 내놓을 수 있는 유일한 책임자가 자기 자신이기 때문에, 무엇을 해야 할지 몰랐다고 말할 수도 없다. 또 질문 사항이 요구하는 행동을 실천하려고 노력해야 마땅한 사람이기 때문에, 불가능하다며 넘겨버릴 수도 없다. 가장 힘든 상황에서도 언제나 노력할 여지는 있다.

따라서 이런 테스트에 실패했다면 변명할 여지가 없다. 그러나 성공하면, 달리 말해서 **어려운 질문들을 끈질기게 견뎌낸 끝에 마침내 더 나은 습관을 들인다면, 삶을 변화시키려 노**

력할 때마다 유령처럼 우리를 괴롭히는 후회가 없을 것이다.

'일일 질문'을 후회를 없애는 데 효과적인 해독제라고 생각하며, 이런저런 목표들을 종이나 엑셀 파일에 써보라. 그리고 '내가 이 목표를 위해 최선을 다했는가'를 매일 평가하라. 종이에 쓴 문젯거리가 사라지지는 않더라도, 관계가 달라진다. 당신이 변화를 주도하는 주인공이 된다.

물론 실패를 거듭할 것이다. 나도 수없이 실패했다. 하지만 시간이 지날수록, 당신이 선택한 문제들을 해결하려는 절제와 노력과 집중력이 삶에 더 좋은 영향을 미칠 것이다. 먼 훗날 지나온 삶을 돌이켜볼 때, 나에게 중요한 것들을 위해 최선을 다해 노력했다고 말할 수 있을 것이다. 적어도 최선을 다했기 때문에 후회는 없을 것이다.

브리짓 슐트

《워싱턴 포스트》와 《워싱턴 포스트 매거진》의 기자로 2008년 퓰리처상 수상자.
《타임 푸어 : 항상 시간에 쫓기는 현대인을 위한 일, 가사, 휴식 균형 잡기》의 저자.

멈춰 서서 숨을 쉬어라

한때, 숨도 못 쉴 정도로 바쁘다고 느낀 적이 있었다. 일이 도무지 끝날 것 같지 않았다. 충분히 했다거나 그럭저럭 만족스럽게 해냈다고 느낀 적도 없었다. 집에는 영원히 끝나지 않을 듯한 일거리가 산더미처럼 쌓여 있었다. 엄마로서 아이들을 잘 챙겨주지 못하고 있다는 생각이 들었고, 어머니가 내게 해주었던 만큼 아이들에게 해주고 싶어서 시간을 짜내고 또 짜내려고 애썼다. 아이들을 학교에 데려다주는 카풀에 동참하고, 아이들의 학교에서 자원봉사를 하고, 여름 캠프를 비롯한 교외 활동들을 지원하고, 아이들의 숙제를 확인했다. 잠을 잘 시간이 별로 없었다.

아이들이 어렸을 때의 어느 날, 뒷마당 트램펄린에서 뛰어놀던 아이들이 내게 와서 같이 놀자고 졸라댔다. "알았어, 이따 가!" 나는 잡초를 뽑고 있었다. 한없이 길게 이어진 '해야 할 일' 목록에 덧붙은 잡초 뽑기를 어서 끝내고 싶었다. 할 일들에 정신이 팔려, 고개를 들어보니 아이들은 이미 몇 시간 전에 뒷마당을 떠난 다음이었다. 해는 서쪽으로 넘어갔고, 뒷마당은 여전히 잡초로 뒤덮여 있었다.

왜 이처럼 바쁘게 일에 치여 살아야만 하는 건지 멈춰 서서 생각해볼 틈도 없이 나는 밤낮으로 몸을 불태워 일만 했다. 한편으로는 체념했고, 화가 나기도 했고, 가끔은 절망적이었다. 삶이 무섭도록 빠르게 흘러가는 것만 같았고, 그 속에 녹아들지 못하고 주변에 서서 삶이 지나가는 것을 지켜보기만 하는 기분이었다. 중요한 순간들을 놓치기 일쑤였지만, 삶이란 원래 그럴 수밖에 없는 것이라고 생각했다. 한편으로는 그처럼 바쁘다는 사실이 이상하게 자랑스럽기도 했다. 내가 아는 사람들은 하나같이 바빴다. 자기가 책임지고 있는 무수한 일들을 끝내기 위해 누구나 바쁘게 뛰어다니는 것만 같았다. 나는 이런 삶에 '숭고한 바쁨'이라는 이름을 붙여주기까지 했다.

해야 할 일 목록에서 완수한 항목들을 지워나가며 정신없이 살았던 그 무렵, 나는 한밤중에 자주 깜짝 놀라 잠에서 깨곤 했다. 불안감에 심장이 두근거렸고 식은땀으로 온몸이 흥건히 젖었다. 그런 일을 겪으면서 서서히 의문이 밀려들기 시작했다. 왜 이렇게 쫓기듯 살아야 하지? 대체 나는 어디로 가고 있는 걸까? 내 영혼까지 짓누르는 그 일들이란 게 그렇게 중요한 것일까? 나는 도무지 답을 구할 수 없었다. 그 불확실함 때문에 혼란스러웠다. 불편한 생각들을 떨쳐내기 위해 어떤 날에는 평소보다 더 바쁘게 움직였다.

그러던 어느 날, 한 통의 전화가 삶을 바꿔놓았다. 그 전화는 내가 정신없는 삶에서 벗어나도록 도와주었다. 적어도 내가 그런 상태에 빠져 있다는 사실을 한층 명확하게 파악할 수 있었고, 다른 선택을 할 수 있다는 것도 깨달았다. 나는 잠깐 멈춰 서서 숨을 돌리기 시작했다. 생각 없이 돌아가는 분주한 삶의 고리를 끊어버리고, 한밤중에 나를 깨우는 의문들로부터 도망치는 대신 답을 찾는 연습을 시작했다. 마음이 안정되어 서서히 답이 드러날 때까지 가만히 멈춰 있었다.

기사 작성 때문에 시간 사용법을 연구하는 전문가와 통화를 하게 된 것이었다. 그는 내가 일주일에 30시간의 한가한 시간을 확보할 수 있다고 말했다. 심지어 내가 시간일지를 충실하게 작성해서 보내주면, 어디에서 30시간을 찾아낼 수 있는지 알려주겠다고 장담했다. 그의 조언대로 연습한 결과를 담은 책이 《타임 푸어 : 항상 시간에 쫓기는 현대인을 위한 일 가사 휴식 균형 잡기》이다. 그제야 비로소 나는 시간을 이해 하고, 많은 이들이 시간에 압박감을 느끼는 원인을 파악할 수 있었다. 또 바쁘게 움직여야 한다는 강박 때문에, 고대 그리 스 철학자들이 '영혼의 휴식을 위한 시간'이라 표현했던 '여가' 를 누리지 못해왔음을 깨달았다.

여가 전문가 벤 허니컷 Ben Hunnicutt 과의 대화로 나는 여가 의 중요성에 눈을 떴고, 분주한 삶에 종지부를 찍게 되었다. 내가 눈코 뜰 새 없이 바빠 여가 시간은 꿈도 꿀 수 없다고 말 하자, 그가 말했다. "아, 7대 죄악이로군요." 중세 시대에 나태 함, 즉 게으름은 대죄 大罪 중 하나로 여겨졌다고 한다. 그런데 그 이면에는 '아케디아 Acedia'라는 것이 있다. 아케디아는 무의 미하게 바쁘기만 한 상태를 뜻한다. 그의 표현을 빌리면 이렇 다. "난 어디로 가는지는 모르지만, 최대한 빨리 달리고 있어. 시간을 엄청나게 절약하고 있다고!" 내 삶이 바로 그런 모습 이었던 것이다.

노스다코타주립대의 앤 버넷 Anne Burnett 교수와 함께 시골 마을에서 삶의 속도와 분주함에 대해 연구한 적이 있었다. 버 넷 교수는 분주함은 현대인의 고통이자, 신분을 과시하고 중요한 인물들과 어울리는 방법이라고 했다. 일 중독자들은 분주한 대도시에만 있는 것이 아니라, 일거리가 없는 상황에서도 일부러 일을 만들어낸다고 그녀는 덧붙였다. 나는 심리학자 에릭 에릭슨 Erik Erikson 이 삶의 세 영역이라고 했던 '일, 사랑, 여가'에서 분주함을 바라보기 시작했다. 여가를 확보하기 위해 멈추는 시간이 늘어나니, 우리가 모두 바쁘다고 느끼는 이유도 알게 되었다.

미국과 한국과 일본 같은 경제 선진국에서는 근로 시간이 꾸준히 증가했다. 근면과 정직한 노동을 높이 평가하는 전통은 초과근무를 권장하는 지경으로 발전해, 늦게까지 근무할 수 있고 부양가족이 없는 노동자야말로 이상적인 노동자라고 여기게끔 한다. 나도 이런 이상적인 노동자론을 철석같이 믿었다. 직장에서 보내는 시간이 많을수록 더 많은 일을 해내고, 더 잘해내는 것이라고 생각했다.

그런데 그게 아니었다. 세상의 일 중독자들은 모두 잘못 생각하고 있는 것이다. 최고의 아이디어는 휴식 중에 떠오른다는 게 신경과학에서 이미 입증되었다! 피로를 풀고 원기를 회복한 건강한 근로자가 일을 더 잘하며, 휴식 시간이 있을 때 더 효율적으로 일할 수 있다는 것이 여러 연구에서 입증되었다. 찰스 다윈, 토머스 에디슨, 찰스 디킨스, 마크 트웨인 등과 같이 누구보다 많은 업적을 남긴 위대한 과학자와 작가들이 그랬듯이 말이다.

나는 직장에서 일할 때 타이머까지 이용해 규칙적으로 휴식을 취하기 시작했다. 어렵고 낯선 일을 시작할 때, 가령 처음 책을 쓰기 시작해서 어떻게 써야 할지 전혀 모를 경우라면 타이머를 30분에 맞추었다. 휴식 시간이 다가오고 있다는 걸 알면 우리 뇌는 거의 어떤 일이든 해낼 수 있다. 이처럼 규칙적인 글쓰기 시간표에 익숙해진 후로는 글 쓰는 시간을 90분으로 늘리고 그다음에 휴식을 취했다.

글을 쓰다가 벽에 부딪히면 대가들의 습관에서 교훈을 얻었다. 책상에 앉아 시간을 죽이며 한숨을 푹푹 쉬는 대신 밖으로 나갔다. 뒷마당에서 가볍게 운동을 하거나, 동네 주변을 달리며 생체 흐름을 완전히 바꾸었다. 문제를 골똘히 생각하려 애쓰지 않고 내 뇌의 무의식적인 '디폴트 모드 한가하게 빈둥댈 때 영감을 주는 뇌의 영역'가 대신해줄 거라고 믿었다. 그 후에 상쾌한 기분으로 책상에 돌아와, 부딪힌 문제를 참신한 시각으로 해결해내곤 했다. 책을 마무리 지을 즈음이면 다시 벽에 부딪히곤 한다. 어떤 식으로 끝내야 할지 종잡을 수 없을 때면 휴식을 취하기로 마음먹고 산책을 나갔다. 그렇게 휴식을 취하고 나면 멋진 생각이 떠올랐다. 마지막 장을 어떻게 써야 할지 방향이 잡혔다.

이제 여성의 역할은 예전과 완전히 달라졌지만, 직장 문화와 정부 정책 등 여성을 둘러싼 세계는 아직 그런 변화를 따라잡지 못하고 있다. 온종일 일하는 직장에 다니면서도 여성은 여전히 살림과 양육이라는 육체노동과 가정사 관리라는 정신노동을 떠맡는 주체이다. 나와 남편은 결혼할 때 가사를 똑같이 분담하기로 약속했지만, 우리도 모르는 사이에 전통적인 남녀의 역할을 나누어 수행하고 있었다. 둘 다 풀타임으로 일했지만 내가 대부분의 집안일을 처리하고 있었다. 나는 화가 났지만, 둘 다 너무 바빠서 어떤 조치도 취하지 못하는 상태였다. 그래서 우리는 함께 휴식을 취하기로 했다. 먼 길을 함께 산책하기 시작했다. 휴식하는 동안 대화를 나누며 가사일 분담 같은 문제뿐만 아니라, 부부관계와 가족 및 서로에게 바라는 점을 더욱 깊이 이해하게 되었다. 남편과 나는 작은 것부터 시작해 일을 공평하게 나눠 맡기 시작했다. 남편이 전보다 더 많은 일을 맡아주었고, 우리는 부부로서 지켜야 할 기준을 세웠다. 개인 시간이 생겨난 덕분에 나는 몸과 마음이 한층 여유로워졌고 편안하게 숨 쉴 시간이 생겼다.

또한 여가를 가지기 위해서는 '할 일 목록'의 압박감에서 벗어나야만 한다는 사실도 깨달았다. 아이들이 부탁할 때 트램

펄린에서 함께 뛰어놀 수 있는 시간을 내게 허락하는 것이다. 그래서 요즘 나는 업무일지에 하나의 주된 업무만 쓴다. 예전에 머릿속을 꽉 채우고 있던 것들을 싹 비웠다. 잡다한 것들을 일일이 기억하느라 에너지를 소비하지 않는 까닭에 머릿속이 한결 여유로워졌다. 그런 잡다한 일들을 아예 하지 않으려고 노력한다. 요즘 내 일일 업무일지는 완전히 달라졌다. 대부분의 경우, 하나의 일과만 쓰여 있다.

나는 멈추어서 규칙적으로 숨 쉬는 법을 배우기 시작했다. 이 시간을 나는 '의자 시간'이라 부른다. 주로 침실 창문 옆의 의자에 앉아 시간을 보내기 때문이다. 명상을 하거나 일지를 쓰고, 때로는 글을 읽는다. 가끔은 창밖을 멍하니 바라보기만 한다. 30분쯤 휴식하는 날도 있지만, 다섯 번 심호흡만 하는 날도 있다.

그 짧은 시간 동안 나는 불확실성이 인간의 일부라는 것을 받아들인다. 그러고는 나에게 정말 중요한 것이 무엇인지 곰곰이 생각한다. 나 자신을 비롯해 가족과 친구를 보살피는 것일까? 의미 있는 일을 하는 것일까? 즐거움을 누리는 것일까? 지금 이 순간 나에게 가장 중요한 것에 대해 생각하고, 그것만을 내 목록에 써넣는다. 잡초 뽑기는 조금 미뤄도 괜찮을 테니까.

로버트 러스티그
신경내분비학자이자 소아과 교수이며 '올바른 영양공급 연구소' 소장.
《탄생 이전의 비만》, 《단맛의 저주》 등의 저자.

미래에 대한 과도한 관심 버리기

나는 천성적으로 걱정이 많은 사람이다. 아주 어릴 때부터
그랬다. 자라면서 나는 거의 모든 것을 걱정했다. '친구들이
나를 좋아할까?', '좋은 대학에 입학할 수 있을까?' 등등. 학교,
돈, 여자와 결혼에 대해서도 걱정했다. 대학병원 의사로서의
위상도 걱정거리였고, 나이가 들면서는 건강에 대한 걱정을
떨치지 못했다. 아무런 걱정도 없는 기분 좋은 날에도 걱정거
리가 없는 걸 걱정할 정도였다.

이런 습관적인 불안증을 정신의학에서는 '범불안장애'라고
한다. 하지만 내 어린 시절에는 이런 증상에 대한 이름이 없
었기에, 나는 그저 '걱정 많은 아이'라고 불렸다. 이 때문에 나

는 성장 과정이 전혀 즐겁지 않았다. 의사로서의 경력이 쌓여도 걱정은 줄어들지 않았다. 환자들의 행복이 내 판단에 달렸다고 생각할 때마다, 또 연구 과제가 보조금을 확보하느냐에 달렸다고 생각할 때마다 걱정은 커져만 갔다.

나는 꽤 유능하고 자상한 의사이자 과학자로 알려져 있지만, 마음의 한구석에는 항상 걱정거리가 웅크리고 있었다. '실수하면 어떻게 하지? 지금까지 이룬 모든 것이 하루아침에 무너져내리는 건 아닐까?' 이런 걱정 때문에 어떤 실수나 잘못도 범하지 않으려고 더 열심히 일했다. 게다가 끝없는 걱정 때문에 나 자신을 거듭 점검하는 과정에서 과식하는 습성이 생겼다. 스트레스가 과식으로 이어진다는 것은 여러 연구에서 입증된 현상이다.

성인이 되어 의사로서 경력을 쌓아가는 과정에서도 실패에 대한 두려움과 불안감이 나를 줄곧 괴롭혔다. 학자로서, 임상의로서 성공을 거두고 언론에서도 주목을 받았지만, '혹시 무슨 일이라도 생긴다면'으로 시작해 꼬리를 물고 이어지는 걱정 때문에 마음껏 즐기지 못했다. 그 무슨 일 같은 건 절대 일어나지 않았지만 말이다. 7년 전, 그런 불안감이 한층 두드러져 일상생활마저 제대로 해내기 힘든 지경에 이르자 아내는 어떻게든 손을 써보라고 했다. 나는 심리치료사에게 내 문제를 상의했고, 그의 제안으로 '마음 챙김에 기반한 스트레스 완화' 프로그램을 수강하게 되었다.

마음 챙김으로 스트레스를 관리하는 명상은 전 세계의 많은 의료기관에서 시행하고 있다. 존 카밧진 Jon Kabat-Zinn 박사는 처음에 암 환자의 만성 통증을 완화하기 위한 기법으로 이를 도입했다. 이 기법의 목적은 '순간에 충실함'으로써 스트레스를 완화하는 것이다. 다시 말해, 지금 이 순간 우리의 내면에서 일어나는 현상에 집중하고 외적인 환경을 완전히 무시함으로써 나 자신이 삶의 통제권을 가졌음을 깨닫게 하는 것이다.

예를 들자면, 처음에는 건포도 하나를 거의 10분 동안 천천히, 아주 천천히 먹는 법을 배운다. 건포도를 혀에 올려놓고 굴리며 거친 표면을 느낀다. 그러고는 아주 느린 동작으로 건포도를 깨문다. 어느 순간 갑자기 건포도는 건포도가 아니게 된다. 전에는 해본 적 없는 무척 재미있는 경험이었다. 이 과정을 통해 스트레스와 주의산만증이 줄어든다. 연습을 통해서만 얻어지는 기법인데, 매일 연습하면 최적의 효과를 기대할 수 있다.

그렇게 매일 연습하지는 않지만, 그 강의에서 무척 소중한 교훈 하나를 배웠다. 불안감은 '미래에 대한 과도한 관심'이라는 것이다. 문제는 그 미래가 결코 오지 않는다는 것이다. 내일 일어날지 아닐지 짐작조차 못 하는 일에 노심초사하며, 나는 오늘의 즐거움과 재미를 놓치고 있었다. 그리고 내일이 오면 다시 그다음 날에 초점을 맞추며 정작 내일을 즐기지 못했다. 항상 이런 식으로 미래에 중점을 두는 바람에 오늘을 놓쳐버렸다. 이런 깨달음이 머리를 강타했다.

지난 7년간 **생각이 나를 내일로 끌고 가 불확실한 미래에 대한 불안감을 안겨줄 때마다, 나는 좋은 일이든 나쁜 일이든 오늘 일어나고 있는 일에 관심을 집중하려 애썼다.** 일반적으로 지금 일어나는 일은 내가 통제할 수 있기 때문에 마음이 훨씬 편안하다. 아직 구체화되지 않은 문제가 아니라 눈앞의 당면한 과제에 집중하기 때문에 조바심이 줄어들고 집중력이 생긴다. 또 스트레스로 인한 과식이 사라지니 배고프지 않을 때 군것질하는 일도 거의 없어졌다.

오늘 내 운명의 주인은 나 자신이다. 그럼 내일은? 내일 일은 내일 자연스럽게 해결되지 않겠는가.

월 포터
탐사 전문기자이자 강연자.
《녹색은 새로운 적색이다》 등의 저자.

악순환을 끊는 리셋 버튼 누르기

오랫동안 나는 자기 파괴적인 악순환의 덫에 사로잡혀 있다가 최근에야 벗어났다. 첫 책을 쓰는 동안 누구에게도 경제적인 신세를 지지 않으려고 두 가지 일을 동시에 하면서 악순환이 시작되었다. 매일 밤 집에 돌아오면 커피를 잔뜩 끓여두고 글을 썼다. 두 시간 정도밖에 못 자고 일어나 샤워를 대충 끝내고 다시 사무실로 향했다.

수면 부족이 건강에 악영향을 미치기 시작했다. 블로그에 글을 쓰거나 회의에 참석하는 것처럼, 조금도 힘들지 않았던 일에서조차 극도의 피로감을 느꼈다. 틈을 낼 수 없을 정도로 바빴지만, 유능한 인재가 되려는 목표에 한 발짝이라도 더 다가갈 수 있을 거라는 생각에 글을 쓰거나 강연할 기회를 거절하지 않았다. 인간관계가 삐걱거릴 때도 원래의 계획대로 밀고 나갔다. 불면증은 나날이 심해졌고 건강도 악화되었다. 극단적인 스트레스에 구역질과 구토가 끊이지 않았지만 계속하는 것 말고는 선택의 여지가 없다고 생각했다.

결국 몇 가지 충격적인 사건들이 일어나 나를 벼랑 끝으로 몰아갔다. 더는 견딜 수 없는 최악의 상황에 이르렀다는 생각이 들었다. 나는 오랫동안 우울증과 씨름해왔지만, 늘 그 어둠과 싸워 이겨내왔다. 그러나 건강이 극히 악화되자, 위기 상황에 적절하게 대처할 수가 없었다. 결국 통제 불능의 나락으로 떨어졌고, 몇 주 동안 외출은커녕 침대에서 일어서기도 힘들었다. 몸은 그럭저럭 움직일 수 있었지만, 정신적으로는 설거지를 한다거나 식료품을 구입하는 아주 단순한 일조차 해낼 수 없을 것만 같았다.

한두 개의 일거리가 방치된 채 쌓여가자 악순환의 소용돌이에서 빠져나오기가 더더욱 힘들어졌다. 내 앞에 쌓인 일거리들 마감일이 지난 원고들, 답변을 기다리는 이메일과 음성 메시지, 밀린 빨랫감 등 을 생각할 때마다 온몸이 짓눌리는 기분이었다. 침대에서 빈둥대며 생산적으로 일하지 못한다는 죄책감에 시달렸지만, 몸이 휴식을 간절히 원했기 때문인지 일을 해보려 해도 보람을 느낄 수 없었다.

최악의 시간이 지나간 후에도 뭔가에 짓눌린 듯한 기분은 사라지지 않았다. 중대한 변화가 필요하다는 것은 알았지만, '어디에서 시작해야 할까?' '어떻게 해야 이처럼 크고 복잡한 문제를 해결할 수 있을까?' '힘도 없고 집중력도 떨어진 상태에서 해낼 수 있을까?' 하는 회의가 꼬리에 꼬리를 물고 이어졌다. 당시 어떤 일을 마무리 짓는 단계였는데, 내 능력은 극히 일부만 제대로 기능하고 있었다. 여전히 숙면을 취하지 못했고, 스트레스로 인한 불안증과 구역질을 떨쳐내지 못했다. 사적인 문제, 직업적인 문제와 경제적인 압박은 점점 커졌다. 비판적인 관점에서 해결책을 찾으려 할 때마다 파괴적인 악순환이 계속되었다.

어느 날 책상에 앉아 일에 집중하고 있을 때였다. 컴퓨터가 갑자기 먹통이 되어 전혀 작동하지 않았다. 재부팅하는 수밖에 없어 결국 리셋 버튼을 눌렀다. 작업한 것의 일부가 사라졌기 때문에 욕이 튀어나왔다. 하지만 그 예기치 않은 문제로 인해, 나에게 중요한 문제들의 우선순위를 재평가하는 기회를 가질 수 있었다. 인정하기 싫었지만, 제대로 작동하지 않는 골칫덩이 노트북이 나의 삶을 돌아보게 해준 셈이다. 여러 개의 소프트웨어 프로그램과 웹사이트, 이메일, 비디오 등을 동시에 열어놓으면 컴퓨터가 느려지거나 멈춰버릴 수 있다. 우리 삶도 마찬가지다. 지나치게 많은 창을 열어놓으면 집중력이 떨어지고 의사결정이 늦어지며, 결국에는 몸이 제대로 기능하지 못하는 지경에 이른다. 이 경험을 통해 나는 개인적인 삶과 직장 생활에서 가장 중요한 습관을 배웠다. 리셋 버튼 누르기!

처음에는 개인적인 공간을 리셋하는 정도였다. 나는 글쓰기와 강연이 직업이기 때문에 주로 집에서 일한다. 평소에는 깔끔하고 정돈된 상태를 좋아하지만, 마감 시간이 코앞에 닥치면 집 안 꼴이 급속히 엉망으로 변해간다. 싱크대에 잔뜩 쌓인 접시와 방바닥에 널브러진 빨랫감을 보면, 마감 시간과 생활에 대한 압박감이 더욱더 커진다. 한때 일했던 언론사 보도국의 기자들은 이런 난장판에서도 여유롭게 일하곤 했지만, 내 성격과는 맞지 않았다.

나는 압박감을 느낄 때 솔직하게 인정함으로써 이 습관을 들이기 시작했다. 집 안을 청소하고 정리하는 방식으로 공간을 리셋했다. 엉뚱하게 들리겠지만, 나의 리셋 버튼은 부엌의 싱크대가 되었다. 이제 압박감에 짓눌리고 스트레스에 시달릴 때면 나는 나 자신에게 접시 하나라도 닦아보라고 말한다. 그것뿐이다. 접시 하나! 합리적인 요구 아닌가? '지독히 피곤

하고 스트레스로 견디기 힘들더라도 접시 하나를 씻을 힘은 끌어모을 수 있잖아'라고 나 자신에게 말한다.

물론 하나를 씻기 시작하면 나머지 접시도 씻게 마련이다. 내친김에 집 안 청소까지 하다 보면, 내가 문제에 과잉반응을 하고 있었다는 생각이 밀려온다. 그럼 책상으로 돌아가 다시 일하기 시작한다. 리셋의 목적은 접시를 닦는 것이 아니다. 스트레스에 짓눌린 뇌를 마비 상태에서 끌어내 적절하게 기능하도록 유도하는 것이다. 쉽게 해낼 수 있는 작은 일부터 시작하면, 당면한 문제와는 아무런 관계가 없더라도 그 문제가 한결 쉽게 느껴지기 때문에, 의식하지 못하는 사이에 문제를 해결하는 경우가 많다.

나는 마음속의 리셋 버튼을 주기적으로 누르기 시작했다. 그런 습관을 들인 후로는 접시가 싱크대에 잔뜩 쌓이는 때가 거의 없어 설거지에 오랜 시간이 걸리지 않았다. 설거지를 끝낸 후에는 집 안을 재빨리 훑어보며, 마감 시간을 비롯해 스트레스 요인들을 내가 그런대로 잘 관리하고 있다는 자신감을 느꼈다. 내가 가진 조그만 리셋 버튼이 나를 움직이게 만든다는 것이 놀라웠다. 그때부터 나는 '리셋'이라는 새로운 습관을 책상에 앉아서 하는 업무에도 적용하기 시작했다.

이제 나는 하루가 끝날 즈음에 30분가량 여유를 두고 그날 제대로 해결하지 못한 문제들을 마무리 짓는다. 예컨대 서둘러 답장해야 하는 이메일 설거지하지 않은 접시 이 남아 있는지 확인한다. 이상적인 경우라면 하루가 끝날 때 받은 메일들을 깨끗이 처리해야 하겠지만, 항상 마음먹은 대로 되지는 않는다. 답장을 보내지 않은 음성 메시지나 문자 메시지가 있는지도 확인한다. 서류를 분류하고, 책들을 책꽂이에 다시 꽂으며 책상을 깔끔하게 정리한다. 이렇게 하루를 정리하면서 동시에 내일 할 일 목록을 신속하게 작성한다.

하루를 리셋할 때는 그때 모든 일을 끝내려고 하지 않는 게 중요하다. 그러면 하루가 결코 끝나지 않을 테니까. 따라서 그날 완료한 일과 그렇지 않은 일을 정리하는 시간으로 활용하는 편이 낫다. 나는 프리랜서이기 때문에 그날의 일과가 끝나도 끝나는 게 아니다. 노트북을 소파로 가져가 텔레비전을 보면서 일하기도 하고, 친구들과 함께 있을 때도 끊임없이 휴대폰을 확인하곤 한다.

리셋을 통해 이런 유혹을 이겨낼 수 있었다. 덕분에 과거에 비해 훨씬 짜임새 있게 일할 수 있게 되었다. 하루를 끝마칠 때 작업 공간을 리셋하면, 내가 직업적 삶도 확실하게 통제하고 있다는 자신감을 얻을 수 있다. 이 습관의 진정한 장점은 내일 내가 어디에 집중해야 할지 미리 알려준다는 점이다. **매**

일 하루를 점검하며 리셋하는 과정에서 다음 날 아침에 무엇부터 시작해야 하는지 한층 명확하게 알게 된다.

그렇다고 내가 완벽한 본보기라는 뜻은 아니다. 하루하루가 투쟁이다. 작년은 내 생애에서 가장 힘든 해였고, 아직도 거기서 완전히 회복되지 않은 것 같다. 매일 조금씩 발전하며 생산적이고 성공적인 날을 이어간다는 기분이 들 때조차, 뜻밖의 사건이 느닷없이 닥쳐 모든 것을 다시 풍비박산 내진 않을까 두렵기도 하다. 이럴 때 가장 중요한 것은 이런 기분을 즉시 인정하고 리셋 버튼을 누르는 것이다.

우리가 항상 삶을 통제하며 살아갈 수는 없다. 언제라도 문제가 발생하거나 상황이 나빠질 수 있다. 우리의 역할은 이런 문제를 회피하는 게 아니라, 즉각적이고 생산적으로 문제에 대응하는 것이다. 위에서 말했듯이, 작은 결정을 신속하게 내리는 습관을 반복하면 물리적인 공간과 정신적인 마음이 깨끗하고 맑아진다. 위기에 대응하는 능력과 자신감도 자연스레 향상된다.

이 글을 쓸 때도 '리셋'이라는 습관을 적용했다. 글을 쓰던 중에 정말 소중한 친구가 응급실에 실려 갔고, 내 오토바이는 크게 망가졌다. 도무지 통제할 수 없는 일이 연거푸 닥친 기분이었고, 이 문제들을 처리할 시간적 여유도 없었다. 심한 압박감에 시달리며 어디에서부터 시작해야 할지 갈피를 잡을 수 없었던 그때, 이 습관을 기억해냈다. 나는 리셋 버튼부터 눌렀다!

롭 플레허티
세계경제포럼 주관 홍보회사 케첨의 최고경영자.
IBM, 페덱스, 필립스 등 세계적 브랜드의 홍보 담당.

급한 일보다 중요한 일에 투자하기

지난 20년 동안 늘 유익하다고 느낀 명언이 하나 있다. '급하게 서두르면 중요한 것을 놓친다'라는 문장이다. 하버드대 경영대학원의 데이비드 마이스터 David Maister 가 쓴 《프로페셔널의 원칙》에서 처음 보았다. 우리는 직장에서나 집에서나 끊임없이 뭔가를 하며 바쁘게 시간을 보낸다. 문제는 올바른 것에 집중하고 있느냐는 것이다. 안타깝게도 그렇게 시간을 보내지 못하는 경우가 많다.

우리가 우선순위에서 중요한 것에 집중하고 있는지 알아보는 방법은 이런 질문을 해보는 것이다. '즉각적으로 처리해야 하는 다급한 업무에만 집중하고 있는가, 아니면 중장기적인

성과를 기대하는 중요한 과제에도 시간을 할애하고 있는가?'

우리 회사는 전 세계를 상대로 마케팅을 하는 홍보회사로, 브랜드와 기업이라는 고객을 위해 존재한다. 매일 우선적으로 다루어야 하는 과제는 고객의 욕구에 부응하고, 중대한 행사를 준비하며, 홍보를 창의적으로 해내기 위해 브레인스토밍을 하는 것이다. 충돌하는 지점들을 해소하고, 재무제표를 분석하며 새로운 고객을 확보하기 위한 전략도 세워야 한다. 이처럼 시급하게 처리해야 할 과제들만으로도 1년 내내 하루 한 시간도 빼기 힘든 실정이다.

그러나 시급한 일에만 집중한다면 미래를 위한 계획은 언제 세우겠는가? 다른 '중요한' 과제들은 어떻게 할 것인가? 눈앞의 시급한 업무에만 집중한다면, 다른 기업에서 일하고 있는 업계 최고의 인재들을 언제 만나고, 어떻게 기업의 미래를 위해 최고의 재원을 확보할 통로를 개척한단 말인가? 언제 독자적인 연구개발에 투자해 현재의 영업 범위를 넘어선 새로운 지평을 열어 장래의 유망한 고객들을 끌어들일 수 있겠는가? 어떻게 온라인 교육을 시행해 급속히 변하는 산업계의 상황에 맞추어 미래 환경에 적합한 능력을 갖추도록 직원들을 재교육할 수 있겠는가?

이런 계획들이 한 기업을 더욱 성장시키고 미래의 지속 가능성을 높여준다고 생각한다면, 우리가 당장 급한 문제들에만 사로잡혀 장기적인 노력이 필요한 일에 집중하지 못하는 경우가 많다는 우려에 공감할 것이다. '급하게 서두르면 중요한 것을 놓친다'라는 말이 꼭 맞는다. 급하게 처리해야 할 문제와 중요한 문제 간의 팽팽한 긴장 관계는 개인적인 삶에서도 마찬가지다. 오히려 직장 생활의 경우보다 훨씬 중대하고 치명적인 영향을 미치기도 한다.

당신의 개인적인 삶에서 가장 급한 문제가 무엇인가? 얄궂게도 대부분의 사람들은 자신의 삶에서 가장 시급한 문제는 직장 생활과 관련된 일이라고 생각한다. 우리는 깨어 있는 시간의 대부분을 직장에서 보낸다. 일과 관련된 문제 이외에도 급히 처리해야 하는 다른 일들로도 눈코 뜰 새 없이 바쁘다. 집안일을 해야 하고, 아이들을 학교나 행사장에 데려다주어야 하며, 사교 행사에도 참석하고, 장도 봐야 한다. 휴대폰에 끊임없이 날아드는 문자 메시지를 확인하고, 페이스북과 블로그 등 소셜미디어에도 시간을 투자한다. 이런 일상적 활동으로 1년 365일이 빈틈없이 꽉 채워진다.

자녀들이 대학에 진학해 멀리 떠나면, 어떻게 해야 배우자와 둘만의 시간을 넉넉하게 확보하고 좋은 관계를 유지할 수 있을까? 직업과 직접적인 관계가 없는 평생교육 강좌를 수강하며 사회적 안목을 넓히고 삶을 풍요롭게 가꾸어 가려면 어떻게 해야 할까? 죽을 때까지 건강한 몸을 유지하기 위해서 규칙적으로 운동하는 시간을 확보하려면 어떻게 해야 할까? 차분하게 앉아 누구에게도 방해받지 않고 자식이나 친구와 대화를 나누며 상대방이 어떻게 살고 있는지 파악하려면 어떻게 해야 할까?

사람들에게 중요하게 생각하는 것을 꼽아보라고 하면 가족과 친구와 직업 그리고 신앙 등을 열거하지만 '자기 자신'을 중요하다고 대답하는 경우는 극히 드물다. 당신은 어떤가? 자신을 우선순위에서 상위에 둔 적이 있는가? 자신을 위해 시간을 투자하고 있는가? 당신의 삶에서 당신은 우선순위에 속해 있는가?

직업인으로서의 삶과 개인적인 삶에서 시급하면서도 중요한 일에 부분적으로라도 집중하려면 어떻게 해야 할까? 먼저, 급한 일과 중요한 일이 다르다는 걸 인정해야 한다. 다음 단계로, 당신의 삶에서 중요한 일과 급한 일을 차례로 나열한다. 당신이 매일 하는 행위에서 급한 일에 속하는 것은 무엇인가? 다음은 좀 어렵다. 당신에게 중요한 일은 무엇인가? 당신의 사업과 이력, 또 개인으로서 중요한 것은 무엇인가?

중요한 일에 우선순위를 두고 집중하며 약간의 시간을 투자하면 우리 삶이 어떻게 달라질까? 중요한 가치에 집중하려면 어떤 일을 해야 할까? 안타깝지만, 급한 일에 투자하는 시간만큼 중요한 일에 시간을 투자하는 사람은 드물다. **직장과 개인적인 삶, 양쪽 모두에서 중요하다고 생각되는 한두 가지 일을 선택해 의도적으로 집중하는 노력을 해보라고 권하고 싶다.** 수개월 단위로 그 결과를 평가해보라. 이렇게 의도적으로 집중하는 데 익숙해지면 하나를 더 추가하라. 그렇게 하면 직장 생활과 개인적인 삶을 점점 당신의 계획에 맞게 끌어갈 수 있을 것이다. 외부적 요인에 의해 끌려가지 않고, 자신이 스스로 삶의 방향을 결정할 가능성이 커진다.

존 레논 John Lennon 은 "삶이란 당신이 다른 계획을 세우느라 바쁠 때 당신에게 일어나는 것"이라고 노래했다. 우리는 매일 닥치는 일을 처리하느라 바쁘게 지내지 않도록 주의해야 한다. 그렇지 않으면, 그저 살아가는 데 허우적거릴 뿐이다. 삶이 서둘러 처리해야 하는 일거리의 연속에 불과하다면, 그것으로 끝이다.

숨을 깊이 들이마시고, 급한 일과 중요한 일의 차이를 받아들여라. 그러면 더 나은 실적을 쌓고, 사업을 더 나은 방향으로 운영할 수 있을 것이다. 그렇게 더 나은 삶을 살 수 있을 것이다.

알렉스 태버럭

조지메이슨대학교 메커터스센터 경제학 연구교수.
《현대경제학 원리》,《혁신 르네상스를 시작하다》등의 저자.

더 나은 결정을 도와줄 경제학 도구들

나는 학문에서는 물론, 일상생활에서도 경제학을 무척 중
요하게 생각하는 전형적인 경제학자이다. 내게 큰 도움이 된
경제학 도구 몇 가지를 소개해볼까 한다.

체중을 감량하려고 할 때, 경제학이 마법의 묘약을 가져다
주지는 않을 것이다. 하지만 '한계 margin'라는 개념을 통해 도
움을 줄 수는 있다. 대부분의 사람들은 정상 체중을 15킬로그
램쯤 초과했을 때에야 몸무게를 감량해야겠다고 마음먹는다.
보통 1월 1일을 기점 삼아 운동과 다이어트를 하겠다고 작심
한다. 그리고 3월 초까지 온갖 운동과 금욕을 시도해보았는
데도 고작 3킬로그램 정도가 빠졌을 즈음 지쳐서 완전히 포기

해버리고 만다.

다이어트와 운동 프로그램의 문제는 한 번에 너무 많은 기대를 한다는 점이다. 반면 경제학은 아주 작은 것을 요구한다. 결정이 한계를 중심으로 약간의 오차를 두고 이루어진다는 사실을 알려주기 때문이다. 15킬로그램 초과라는 달갑지 않은 무게는 하루아침에 생겨난 것이 아니다. 당연히 하루아침에 빠지지도 않는다. 그래서 나는 체중 감량 얘기가 나오면, 사람들에게 지속할 수 있는 '한계 결정 marginal decision'을 시도해보길 권한다.

하루에 한 번 동네 산책하기, 항상 계단으로 다니기, 일주일에 한 번 생선 먹기처럼 꾸준히 이어갈 수 있을 만큼 작은 결심을 하라는 말이다. 물론 이런 방법으로는 몸무게를 단번에 줄일 수 없고, 의지와 자제력도 필요하겠지만, 그래도 비용이 크지 않다. 그런 작은 변화가 계속되면 몸무게는 분명히 줄어든다. 정말 그럴까? 그렇다! 하늘 높은 줄 모르고 치솟는 미국의 비만율은 하루에 세 개씩 더 먹는 오레오 쿠키 때문이라고 할 수 있다. 다행히 이 과정은 역으로도 적용된다. 하루에 오레오 쿠키를 세 개만 줄여도 몸무게가 줄어든다.

행동경제학의 최근 연구에 따르면, 대부분의 사람들은 '인지 편향 cognitive bias'을 가지고 있다. 우리가 미래를 지나치게 경시하고 현재 믿는 것을 중시해서, 특정 상황에서 일어날 수 있는 가능한 결과를 정확히 평가하지 못하는 것이 인지 편향이다. 인간은 경제모델에서 말하는 것처럼 효용의 극대화를 추구하는 합리적인 의사결정자가 아니다. 많은 경제학자들이 이를 근거로 경제학의 예측력이 떨어진다고 말한다. 그러나 나는 상대적으로 경제학이 지닌 강한 규범적인 힘의 증거라고 생각한다. 모든 사람이 경제모델에 따라 그대로 행동한다면, 의사결정에 있어 경제학으로부터 배울 것이 거의 없을 것이다. 그러나 우리는 합리적으로 행동하지 않는 경우가 많기 때문에, 경제학적 개념들을 통해 편향성을 극복하고 더 나은 결정을 내릴 수도 있다.

인지 편향을 활용한 예를 들어보자. 베스트바이와 월마트는 확대보증보험 상품으로 상당한 매출을 올렸다. 내 기준에서 보면 아무도 확대보증보험 상품을 사지 않아야 한다. 순전히 인지 편향을 이용해서 만들어진 상품이기 때문이다. 경제학에서는 보험을 통해 작은 손해보다 큰 손해를 예방해야 한다고 말한다. 작은 손해를 감수함으로써 큰 손해를 상쇄할 수 있다는 것이다. 예를 들어 2만 달러를 손해 볼 가능성이 1퍼센트 있다면, 자동차보험에 들어 확실히 500달러를 손해 보는 쪽이 합리적이다. 하지만 200달러를 손해 볼 확률이 10퍼센트라면, 50달러를 확실히 손해 보는 쪽을 선택하는 것은 합리적이지 않다.

그런데도 우리는 왜 이런 보험에 가입하게 되는 것일까? 우리가 그 보험에 가입하라는 권유를 계산대에서 받게 되는 것은 우연이 아니다. 사람들이 뒤에 줄을 서서 초조하게 기다리고 있는 상황에서는 순간적으로 결정을 내리게 된다. 빨리 결정하라는 압력을 받는 상황에서는 사람들이 비합리적으로 행동할 가능성이 높아진다.

신속하게 결정을 내려야 할 때도 물론 있다. 만약 호랑이가 갑자기 달려든다면, 묻지도 따지지도 말고 본능적으로 달아나야 한다. 그러나 만약 누군가 "지금 결정하세요, 이렇게 좋은 기회는 다시는 없어요!"라며 신속하게 결정해야 하는 상황으로 당신을 몰아넣는 경우라면, 성급하게 결정을 내릴수록 당신에게는 유리할 게 없다. 이것이 경제학의 설명이다. 호랑이를 피하려는 본능 때문에 누군가에게 이용당하는 일은 없어야 한다. 결정을 내려야 하는 대부분의 상황에는 당신을 위협하는 호랑이가 없다. 한 걸음 물러서서 신중하게 생각한 후에 결정하는 것이 옳다.

기대효용이론 expected utility theory 도 내가 실생활에서 자주 이용하는 경제학 도구다. 언젠가 새로운 일자리를 선택하는 문제를 두고 어렵게 결정을 내려야 했던 적이 있다. 새로운 일자리는 여러 가지 면에서 유리했지만, 내가 원래 바랐던 진로를 적잖이 포기해야 했기에 진퇴양난에 빠졌다. 그래서 내가 알고 있는 가장 현명한 사람인 나의 멘토 타일러 카우언 Tyler Cowen 에게 전화를 걸었다.

"선생님, 대체 어떤 일자리를 택하는 것이 좋을까요?" 내가 묻자 타일러 교수는 이렇게 되물었다. "두 일자리의 기대효용이 어떻게 됩니까?" 나는 뒤통수를 얻어맞은 기분이었다. 기대효용은 내가 가르치던 이론이었지만, 결정을 내리는 데 그 이론을 실제로 사용하는 사람이 있다는 말은 들어본 적이 없었다. 별로 도움을 받지 못한 것 같아 나는 조금 짜증스러운 기분으로 전화를 끊었다. 크게 기대하지는 않았지만, 그래도 조언을 받았으니 일단 펜과 종이를 꺼내놓고 숫자를 끄적대기 시작했다.

당시 일자리의 효용을 50이라 가정했을 때, 새로운 일자리의 효용은 훨씬 높아 100에 가까웠다. 향후 더 높은 효용을 가진 일자리를 얻게 될 확률을 따져보니, 나의 일자리와 새로운 일자리의 차이는 크지 않았다. 머릿속에서 나온 숫자를 종이에 써보자, 새 일자리를 택하지 않을 현실적인 수치가 없다는 점이 분명해졌다. 고민이 사라졌다. 나는 일자리를 주저 없이 받아들였다. 이후에도 나는 중요한 결정을 내릴 때마다 기대효용이론을 사용하고 있다.

기대효용이론은 새로운 관점에서 결정을 내릴 수 있다는 점에서 유용할 뿐 아니라, 미래가 온갖 가능성으로 열려 있다는 걸 깨닫게 해준다. 우리는 한 번에 여러 쟁점을 머릿속으로 비교해서 평가하기에, 불완전한 정보를 바탕으로 결정을 내리기도 한다. 하지만 그것을 종이 위에 직접 써보면, 여러 가능성이 구체화되어 더 나은 결정을 내릴 수 있다. 클린턴 시절의 재무부 장관 로버트 루빈 Robert Rubin 이 말했듯이, "어떤 결정이든 확실한 것은 없고 가능성에 불과한 것이라는 사실을 받아들이면, 우리는 최선의 결정을 내리기 위해 복잡한 자료들과 치열하게 씨름하게 된다."

그동안의 경험으로, **경제학적 사고가 공공정책의 방향을 결정하는 데는 물론이고 개인의 일상적인 삶에서도 무척 유용하다는 것을 깨달았다.** 한번 활용해보시길.

실라 엘워디
비정부기구 옥스퍼드리서치그룹의 설립자이자 니와노 평화상 수상자.
《가능한 것을 시작하라 : 깨어 있는 리더십》 등의 저자.

내면의 비판자와 대화 나누기

내 책《가능한 것을 시작하라》에서 나는 우리 모두가 이루어낼 수 있는 '달라진 미래'에 대해 이야기했다. 그 목표에 도달하려면 많은 것을 해야 하지만, '행위' 못지않게 '존재하는 방법'이 중요하다. 우리가 일어나기를 바라는 변화를 만들려면 일종의 내적 지능이 필요하다. 나는 누구나 쉽게 내적 지능을 갖출 수 있는 방법을 찾는 데 오랜 시간을 들였다.

달라진 미래를 맞이하기 위한 첫 단계는 개개인이 자신의 역동적인 잠재력을 의식하고 깨닫는 것이다. 당신과 나를 비롯해 이 땅에서 살아가는 모든 사람은 그런 잠재력의 극히 일부만을 사용하고 있다. 캘리포니아대학교 정신의학과 교수인 대니얼 시겔 Daniel Siegel 은 《마음을 여는 기술》에서 이렇게 언급했다.

시냅스 연결의 수를 고려하면, 뇌에서 가능한 점화의 점멸 양식, 즉 다양하게 나타날 수 있는 활성화 상태의 수는 10의 100만 제곱으로 계산되었다. 이 수치는 지금까지 알려진 우주에 존재하는 원자의 수보다 많은 것으로 추정된다. 우리가 이런 점화 가능성의 극히 일부라도 경험하려면 평생을 훨씬 넘는 시간이 필요하다.

뇌도 그렇지만 우리의 신체적 자아, 감정적 자아, 상상력과 영혼에도 지금 우리가 알고 사용하는 것보다 훨씬 더 큰 힘이 있다. 이런 힘의 존재가 의식의 도약으로 이어지면, 세상의 문제들을 해결하기 위한 행동을 새로운 관점에서 시도해 볼 수 있을 것이다. 우리가 이런 힘을 끌어모아야 할 때가 있다. 세상을 위해 중요하고도 어려운 일들을 직접 해결해야 하는 순간들 말이다.

다른 이들을 돕거나 세상을 구하는 일에 열중하는 사람들은 자신을 이끄는 불안감이나 분노 혹은 두려움을 거의 자각하지 못한다. 무의식적으로 자기를 둘러싼 분노와 두려움을 퍼뜨리고, 다른 사람에게 투영하며, 일이 잘못되면 엉뚱한 사람에게 뒤집어씌우는 경우도 적지 않다. 나도 그런 일을 수없이 저질렀다. 이런저런 시련을 겪은 뒤에야 두려움을 극복하기 위한 짤막한 주문呪文을 개발했다.

내가 두려워하는 것들은
나의 두려움을 먹고 자라나
결국에는 현실이 된다.

여러분도 이런 경험이 있을 것이다. 예를 들어 새벽 3시에 식은땀에 젖은 채 잠에서 깨면 우리는 어떤 섬뜩한 일을 상상한다. 한 시간 정도 뒤척이며 상상할수록 상황은 점점 악화되고, 그 공포는 마침내 악마로 변해 우리를 사로잡는다. 우리는 겁에 질려 베개를 바싹 껴안은 채 밤을 지새운다. 나도 이런 밤을 숱하게 겪었다.

이제 나는 그렇게 잠에서 깨면 그냥 벌떡 일어나 차 한 잔을 끓이고 곧바로 두려움을 해결하는 게 최선이라는 것을 안다. 나는 두려움과 마주 보고 앉는다. 나는 엄마가 되고, 두려움은 겁에 질린 아이가 된다. 두려움에게 말을 걸며 어떤 기분인지 묻고 나서, 나는 두려움의 자리로 옮겨 앉는다. 그 대답에 나는 종종 놀란다. 마음속 깊은 곳에서 우러나온 대답에서 내가 알지 못했던 것들이 드러난다. 그럼 나는 다시 엄마의 자리로 가서 필요한 게 무엇인지 묻는다.

경청할 준비가 되어 있으면 두려움은 필요한 것을 말해준다. 필요한 게 무엇인지 알게 되면, 우리는 함께 무엇을 해야할지 상의한다. 재확인하기, 현재 상태 점검하기, 행동 계획 세우기 등이다. 그러면 나는 "이제 계획까지 세웠으니 다시 잠을 자도록 하자. 아침에 일어나서 우리가 계획한 대로 행동에 옮기면 돼"라고 말하며 침대로 돌아간다.

분노는 어떻게 다스릴까? 분노는 휘발유처럼 강력한 화력을 발휘한다. 우리가 사방에 뿌려놓은 분노의 씨앗에 누군가 성냥불을 붙이면 걷잡을 수 없는 큰불이 일어난다. 한번 불이 붙으면 그 불은 몇 년이고 꺼지지 않고 오랫동안 활활 타오른다. 이렇게 반복되는 원망과 복수는 심지어 가족 사이에도 발생한다.

분노는 우리가 세상을 변화시키도록 이끌어가는 동력이기도 하다. 우리는 불평등, 탐욕과 잔혹성에 분노한다. 그러나 분노를 '그들', 즉 불의를 저지르는 사악한 가해자들에게 투영한다고 해서 세상이 변하는 것은 아니다. 그런 식의 투영은 아무런 효과도 없다. 나는 핵무기 퇴치 운동을 하던 초기에 이런 교훈을 얻었다.

핵무기로 인해 인류가 직면한 위험에 분노한 나는 의사결정을 내리는 권력자들에게 분노를 토해냈다. 그러나 그런 분노의 폭발은 효과가 없었을 뿐 아니라 오히려 역효과만 낳았다. 인간은 공격받으면 본능적으로 자신을 방어하기 마련이다. 그들이 고개를 끄덕이며 "그래요, 당신 말이 절대적으로 옳아요!"라고 맞장구칠 가능성은 거의 없다. 그러니 세상을 바꾸고 싶다면 분노를 견고한 통에 안전하게 보관해두고 연료처럼 사용해야 한다. 그래야 우리가 앞으로 나아가는 데 필요한 에너지와 용기를 공급받을 수 있다.

이쯤에서 '내면의 폭력성'이라는 주제에 대한 생각을 덧붙이고 싶다. 내면의 폭력성은 우리 내면에서 상상력을 억누르고 에너지를 짓누르며, 생각을 왜곡해 결국에는 우리를 무력한 존재로 전락시킬 수 있는 파괴적인 힘이다. 우리가 맞서 싸우며 바꿔가야 할 힘이며, 많은 사람들이 이겨내지 못하는 힘이다. 지금까지 책에서 읽거나 다른 사람들에게서 들은 것을 종합하면, 우리 대부분의 내면에는 이런 비판자가 숨어 있다.

수십 년 동안 많은 실험과 경험을 한 끝에 깨달은 것은 우리가 조금이라도 이런 내면의 비판자를 무시하거나 떨쳐내려고 시도할 때마다 내면의 비판자가 힘을 합쳐 저항한다는 것이다. 하지만 **우리가 내면의 비판자를 받아들이고 그의 말을 경청한 다음, 필요한 것이 무엇인지 알아내 그것을 제공하면, 내면의 비판자는 오히려 힘을 상실한다.**

미국인 불교 승려, 페마 초드론 Pema Chödrön 이 쓴 《모든 것이 산산이 무너질 때 : 희망과 두려움을 걷어내고 삶의 맨 얼굴과 직면하는 22가지 지혜》는 이제 많은 사람에게 삶의 경전이 되었다. 나에게 도움을 주었던 구절들을 소개하면 다음과 같다.

우리가 살면서 가장 고통스러운 순간은 자기 자신을 괴롭힐 때이다.

부정적인 생각과 굳이 힘겨루기를 할 필요가 없다. 지금 이 순간 기분이 더럽다는 것을 인정하고, 괜찮아 보이려 애쓰지 마라.

외로워서 미치겠더라도 어제는 1초도 함께할 수 없었던 불안감과 오늘 1.6초를 마주 보고 앉았다면, 그것이 바로 구도자의 여정이다.

우리가 알아야만 하는 것을 깨닫기 전까지는 그 어떤 것도 저절로 사라지지 않는다.

장애물에서 벗어나려고 시속 수백 킬로미터로 달려 대륙의 반대편 끝까지 도망치더라도, 도착하기 무섭게 그곳에서 똑같은 문제가 우리를 기다리고 있다는 걸 알게 된다. 우리가 마음의 문을 여는 대신에 어떻게 등을 돌리는지, 우리 앞에 닥친 현상을 주저 없이 받아들이는 대신 꼭 닫은 채 뒤돌아서는지를 깨닫는 순간까지, 장애물은 새로운 이름과 새로운 형태로 끊임없이 되살아난다.

이 조언들을 받아들여 내면의 비판자에게 마음의 문을 열자, 비로소 솔직한 대화를 나눌 수 있었다. 나는 그에게 원하는 게 무엇이냐고 물었다. 그는 오래전부터 자기 목소리를 들어주길 바라왔다며, 내가 더 나은 사람이 되기를 바란다고 했다. 내가 더 대담하게 행동하고 많은 것을 이루어내기를 바랐다. 나는 왜 그런 바람을 비판으로만 드러내느냐고 나무라며, 조금이라도 용기를 북돋고 격려해달라고 요구했다. 그 순간, 내 안의 목소리가 실은 아버지의 목소리였다는 걸 깨달았다.

아버지는 당신만의 원칙이 있었다. 어린 시절 아버지를 기쁘게 하려 무척 노력했지만, 나의 노력은 언제나 충분한 것 같지 않았다. 내가 어떤 일을 해내더라도 아버지의 답은 똑같았다. "더 열심히 하거라!" 안타깝게도 성인이 되어 진정한 대화를 나누어보기도 전에 아버지는 세상을 떠났다. 열여덟 살이던 나의 마음속에는 내가 부족한 사람이라는 인식이 깊이 새겨졌다.

삼십 대가 되어서야 마음속에 새겨진 아버지와의 문제를 해결해야 한다는 생각이 들었다. 나는 마음속에 간직된 아버지와 많은 대화를 나눈 뒤 아버지가 나를 진정으로 사랑했다는 걸 깨달았다. 금전적인 걱정과 우울증, 그리고 투병 생활을 하시느라 그 사랑을 겉으로 드러내지 못하셨을 뿐이다.

마음속의 아버지와 화해하고 나서야 아버지의 잔소리 뒤에 감추어져 있던 긍정적인 면을 찾아낼 수 있었다. 엄격한 아버지의 목소리는 아침에 나를 침대 밖으로 끌어낸다. 지쳤을 때 다시 한번 도전하게 만들고, 힘든 날에도 끝까지 나의 일과를 끝내도록 만든다. 하지만 내가 나 자신의 목소리를 믿어야 할 때나 위험을 무릅쓰는 용기가 필요할 때는 그 목소리가 나를 억누르지 않도록 주의하고 있다.

조엘 피터슨

스탠퍼드대학의 경영대학원 교수이자 투자관리회사 피터슨 파트너스의
창립 파트너. 《신뢰의 힘》 등의 저자.

신뢰로 이어지는 습관 만들기

성공으로 가는 지름길이나 마법의 탄환 같은 건 없다. 애플
을 창업한 스티브 잡스가 언젠가 말했듯이, "자세히 들여다보
면, 대부분의 갑작스러운 성공에는 오랜 시간이 걸렸다." 기
업가이자 17권의 책을 쓴 세스 고딘 Seth Godin 도 잡스의 말을
뒷받침하듯 "하룻밤 사이에 거둔 성공처럼 보이는 걸 해내려
면 대략 6년을 열심히 일해야 한다"고 냉담하게 말했다.

내 경험상으로도 성공이 주는 일정한 수준의 만족감과 마
음의 평안은, 많은 사람이 '하룻밤 사이'에 얻은 것이라 잘못
결론짓지만 실제로는 오랜 노력의 결실로 이루어지는 것이
었다.

성공에는 예측 가능한 전조가 있을까? 사회생활을 시작한 초기에, 나는 스트레스를 기꺼이 떠안고 과제와 임무를 끝없이 쫓아다니며, 그때까지 쌓은 경험을 바탕으로 최선을 다했다. 하지만 스트레스에 짓눌려 일관되게 행동하지 못한다는 걸 뒤늦게 깨닫고서야 변화의 필요를 실감했다.

습관의 힘을 깨닫게 되는 내 여정에는 상당한 시간이 걸렸다. 그즈음 나는 내 결정이 3~5년 후에 어떤 형태를 띨지 기계적으로 생각하곤 했다. '승리하면 어떻게 될까?'라고 묻는 습관도 몸에 배어 있었다. 결정하기 전에 늘 더 많은 정보가 필요하다고 생각하면서, 한편으로는 어떤 문제나 해결책이 있다고 생각하는 상호 모순을 극복하는 방법도 알아낸 뒤였고, "해결책은 없다. 타협만이 있을 뿐이다"라는 토머스 소웰 Thomas Sowell 의 주장에서 위안을 찾으며 신속하게 우선순위를 결정하는 방법도 배웠다.

나는 더욱 노력했지만, 결국 끝없는 우선순위의 결정도 성공의 조건은 아니라는 결론에 이르렀다. 그런 후에야 성공의 도구 상자를 넓혀가는 동시에, 재밌고 흥미로운 것보다 기본적인 것을 더 중요하게 여길 수 있게 되었다.

모든 지식은 '절제된 대화 disciplined conversation'에서 시작된다는 아리스토텔레스의 철학을 읽은 후에는 '자기 인식 self-knowledge'의 탐구에도 나섰다. 나는 내적 성찰을 통해 소크라테스가 델포이 신전에 일찍이 써둔 '너 자신을 알라'라는 가르침을 실천하며 내 잠재력을 깨울 수 있기를 바랐다.

나는 성공의 비결을 탐구하는 과정에서 고대 그리스 철학자들로부터 지혜를 많이 얻었는데, 특히 "우리가 반복적으로 행하는 것이 현재의 우리 자신이다. 따라서 탁월함은 한 번의 행위가 아니라 습관에서 비롯된다"라는 아리스토텔레스의 가르침에 마음이 끌렸다. 행동이 반복을 통해 습관화된다면, 결국 습관이 우리 운명을 결정할 거라는 생각이 들었다. 올바른 습관만이 목표와 꿈의 실현으로 이어질 수 있다.

그렇다면 올바른 습관이란 건 무엇일까?

내가 받은 피드백을 통해, 성공하기 위해서는 개인적인 '운영체계operating system'를 다시 써서라도 세 가지 뚜렷한 결함을 바로잡아야 한다는 걸 알게 되었다. 첫째는 자기중심적으로 빠지는 성향, 둘째는 감정에 기반해 결정을 내리는 경향, 셋째는 뭔가 잘못되면 남을 탓하는 경향이었다. 실제로 이런 성향들은 내가 그때까지 일해온 분야에서 올바른 습관을 형성하는 데 아무런 도움을 주지 못했다.

습관에는 반복된 훈련이 필요하다. 특히 습득 단계에서는 더더욱 그렇다. 따라서 나는 세 가지 만트라를 마음속으로 반복하는 것부터 시작했다.

이건 내 문제가 아니다.
나는 감정의 동물이 아니다.
나한테는 필요한 모든 게 있다.

이 만트라를 하루에도 서너 번씩 끊임없이 되뇌었다. 그 덕분에 마침내 내 안에 내재한 본능을 극복할 수 있었다. 그 과정에서 나는 문제를 중심에 두고 합리적으로 판단하며, 다른 사람들을 탓하기 전에 어떻게 하면 그들에게 감사할 수 있을지를 먼저 생각하게 되었다.

이렇게 최악의 본능적인 성향들을 극복하고 나자, 습관이 일단 몸에 배면 그와 관련된 생각이나 연습이 더는 필요하지 않다는 것도 알게 되었다. 밥을 먹고, 몸을 씻고, 옷을 입는 것처럼 우리가 아무런 생각 없이 일상적으로 행하는 일에 연습이 필요하지 않듯이, 한번 습관이 들면 타인을 먼저 생각하고, 감정적 반응을 무시하며, 타인의 공헌에 감사하는 데 많은 생각이나 노력이 필요하지 않다.

최근 습관의 힘을 새삼스레 깨달을 기회가 있었다. 어느 날, 두 아들이 나를 앉혀놓고는 더 규칙적으로 운동하라고 거의 윽박지르듯이 강권했다. 그 이후로, 나는 매일 꼬박 12,000보를 걸었고, 거의 매일 저녁 팔굽혀펴기를 했다. 한 달쯤 뒤에는 걷기가 습관이 되어 하루라도 빠지면 허전할 지경이 되었다.

단순한 행동들을 꾸준히 반복하는 습관을 몸에 들인 덕분에 이제는 몇몇 행동을 생각하지 않고도 기계적으로 행하게 되었다. 다음과 같은 것들이 그렇다.

매일 6시 이전에 일어나기

주말마다 자식들에게 이메일을 써서 보내기

매일 명언 하나씩 암기하기

친구의 사무실에 들러 안부를 묻기

친구나 동료에게 고맙다는 쪽지 보내기

아내에게 사랑한다고 말하기

주제와 상관없이 누구의 말이나 경청하기

이런 습관을 일상화하려고 노력한 덕분에 나는 어느 때보다 신뢰할 수 있고 예측 가능한 사람이 되었다. 따라서 주변 사람들은 내가 다음에 어떻게 행동할지 추측하는 수고를 덜게 되었고, 나를 대신해 누군가에게 내 의견을 말해줄 수도 있을 정도가 되었다. 신뢰가 쌓이면 누구나 뒤에서 험담이 오갈지도 모른다는 두려움에서 벗어날 수 있다.

어떤 습관이 성공의 열쇠였느냐고 묻는다면 나는 '신뢰로 이어지는 습관'이라 대답할 것이다. 신뢰는 조직의 발전에 필요한 윤활유이기 때문에 나는 그런 신뢰를 쌓아가는 습관을 키우려고 애쓴다. 많은 사람들이 인간관계에서는 경계심이 필요하고 위험을 감수하는 것은 바람직하지 않으며 실패는 수치스러운 것이라고 생각하기 때문에, 높은 신뢰로 이어지는 습관을 기르려고 안간힘을 쓴다.

내 생각에, 우리가 키워갈 수 있는 가장 강력한 습관은 사고방식과 관련된 것이다. 그러므로 **나는 높은 신뢰 관계로 이어지는 자기 대화를 습관화하는 게 가장 중요하다는 결론에 이르렀다.** 이런 습관을 키워가는 과정에는 신뢰에 금이 가면 즉시 바로잡고, 오해가 있으면 사과하고, 잘못이 있으면 용서하는 습관이 동반되어야 한다. 이 모든 습관이 성공을 바라는 사람들에게 필요한 조건이다.

제3부

삶의 의미에
한 걸음 더
다가서는 습관

앤드류 뉴버그

신경과학자이자 토머스제퍼슨 의과대학의 교수 겸 의사.
《신은 어떻게 당신의 뇌를 바꾸는가》 등의 저자.

언제나 해결책에 집중하라

삶의 다양한 상황에서 나는 늘 문제보다 해결책에 초점을 맞추는 습관을 갖추려 노력해왔다. 해결해야 할 문제가 생겼을 때는 문제가 무엇인지 정의한 다음, 곧바로 해결책을 찾는 데 힘써야 한다는 것을 깨달았다.

몇 년 전 곤란한 상황에 처한 적이 있었다. 뇌 영상 전문가로서 나는 다양한 최첨단 촬영 장치를 사용하고 있었는데 매일같이 사용하던 중요한 뇌 영상 촬영 장치를 빼앗길 처지였기 때문이다. 가장 많이 쓰는 장비는 인간의 뇌가 어떻게 작동하는지 들여다볼 수 있는 '단일광자 단층촬영 SPECT' 장치였다. 파킨슨병, 알츠하이머병, 두부외상, 우울증, 식이장애 등 다양한 신경 및 심리 질환에서 나타나는 뇌 기능을 조사하는 데 워낙 자주 사용하는 장비였기에, 우리 연구에 전용으로 쓸 신제품을 확보하기 위해 특별 보조금을 신청했다.

다행히 보조금을 받게 되었고, 이미 진행 중이던 프로젝트를 계속하며 새로운 프로젝트를 진행할 수 있을 거라는 기대에 부풀었다. 새로운 촬영실이 완성되기까지 9개월 동안은 기존 장치를 계속 사용할 작정이었다. 그런데 어느 날, 새로 취임한 상관이 이 계획의 변경을 지시했다. 기존에 사용하던 촬영 장치를 철거하고 나서 새로운 촬영 장치를 설치하라는 것이었다. 그렇게 되면 9개월 동안은 사용할 장치가 없어져 진행하고 있던 모든 프로젝트를 중단해야 할 상황이었다. 상관은 미리 적절한 계획을 세우지 못한 나의 잘못을 나무랐다. 전체회의를 소집했지만, 모두가 남 탓하기에 바빴고 문제는 해결될 조짐이 전혀 없었다.

결국 내가 말했다. "문제는 됐고, 이제 해결책을 찾도록 합시다! 다른 곳이라도 괜찮으니 우리가 9개월 동안 쓸 수 있는 촬영 장치가 없을까요?" 그러자 한 방사선 기사가 동물실험실에서 사용하던 낡은 촬영 장치가 있다고 말했다. 우리는 곧바로 그 촬영 장치를 살펴보러 갔다. 우리가 쓰던 것과 같은 촬영 장치였다. 다행히 동물실험실에서는 그것을 더 이상 사용하지 않았다. 상태도 나쁘지 않아서 우리는 그 기계를 사용할 수 있었다. 새로운 장치가 설치되기까지 연구를 계속할 수 있다는 것이 정말 다행이었다.

이 일에서 내가 얻은 교훈은, 문제를 따지는 걸 멈추고 해결책을 찾는 데 집중해야 한다는 것이었다. 지금까지 나는 동료들이 문제에 빠져 허우적대는 모습을 숱하게 보아왔다. 그들은 문제에 중점을 두고 많은 시간을 보낸다. 누구에게 문제의 책임이 있고, 무엇이 잘못되었는지를 따진다. 이런 부분을 정확히 찾아내는 것도 필요하지만, 인지 능력과 감정 에너지를 문제 자체에 지나치게 투자하는 건 비생산적이다. 그래서 나는 핵심 문제가 무엇인지 파악되면 곧바로 해결책을 찾는 데 힘을 쏟는다. 프로젝트의 연구 방향을 설계할 때면, 나는 어떤 방법을 사용할지, 누구에게 조언을 구할지, 어떻게 좋은 해결책을 끌어낼 수 있을지를 생각한다. 뇌 촬영과 관련된 연구 방향을 설계하는 경우라면, 같은 문제의식을 가진 동료들을 모아놓고 묻는다. "우리의 의문을 해결하는 데 어떤 촬영 기법을 사용하고, 결과를 어떻게 활용하면 좋을까요?" 여기서 얻은 대답을 바탕으로 최적의 연구 방향을 설계한다.

환자들의 뇌 영상을 연구하는 경우에도 무엇이 잘못될지 미리 걱정하기보다는 자료를 긍정적인 방향에서 활용할 방법을 찾아내려 애쓴다. 물론 많은 것이 잘못될 수 있다. 얼마 전에도 두 명의 환자를 대상으로 4장의 뇌 영상을 찍을 일이 있었는데, 공교롭게도 연구에 사용되는 추적자_{인체 내에서 특정 물질이나 원소의 이동을 추적하기 위해 사용하는 물질}가 2시간 동안 반응을 보이지 않았다. 타이밍이 중요한 작업이었기에 연구를 제대로 진행할 수 있을지 모두 회의적이었지만, 나는 그런 걱정을 접어두고 최대한 효과적으로 끝낼 수 있는 촬영 시간표를 작성했다. 다 같이 그 계획을 점검한 뒤 계획대로 집행했다. 일은 순조롭게 진행되었고, 연구에 필요한 소중한 자료를 얻을 수 있었다.

연구나 어떤 계획을 실행할 때도 나는 일이 어떻게 되어가는지 계속해서 관찰하며, 어떤 점이 잘되고 어떤 점이 삐걱거리는지 파악한다. 그래야 다음번에 더 원만하게 진행할 수 있기 때문이다. 실패와 실수로부터 배우는 것 역시 문제를 해결하는 데 필수적이다. 그러나 거듭 말하지만, 부정적인 면에 너무 많은 시간을 쏟지는 않는다. 그보다 다음에는 어떻게 그 문제를 해결할 수 있을지에 대해 생각한다.

긍정적인 면에 집중하는 것이 중요하다는 것은 우리의 뇌 영상 연구에서도 입증되었다. 긍정적인 면에 집중할 때는 도파민이나 세로토닌 같은 좋은 신경전달물질이 분비되어, 뇌가 더 효율적으로 기능할 수 있도록 돕는다. 반면에 부정적인 것에 집중하면 두려움이나 불안감과 관련된 뇌의 편도체가 자극되어 코르티솔 같은 스트레스 호르몬이 분비되고, 그것이 뇌 기능을 떨어트린다.

해결책을 모색하는 습관은 문제를 창의적인 방향으로 해결하려는 노력으로 이어졌다. 동료들과 브레인스토밍을 하거나, 운동 중에 이런저런 과제를 생각하거나, 책상 앞에 앉아 짧은 시간 동안 다양한 생각을 떠올리는 것도 도움이 된다. 뇌의 고삐를 풀어놓고 이런저런 생각을 하는 것이 문제를 창의적으로 해결하는 가장 효과적인 도구라는 것이 뇌 영상 연구에서 입증되었다. 이상한 아이디어를 제시한다고 해서 잘못될 것은 전혀 없다. 그런 생각이 그저 얼빠진 소리일 때도 있지만, 때로는 참신하고 흥미진진한 아이디어로 발전할 수도 있다.

내가 연구자로서 성공을 거두고, 영성 같은 주제를 뇌와 연관 지을 수 있었던 것은 이런 아이디어를 받아들이는 습관 덕분이었다. 지금도 나는 끊임없이 '만약 ……하면 어떨까?'라는 의문을 제기한다. '뇌 영상을 사용해서 명상을 연구하면 어떻게 될까?' '완전히 다른 두 종류의 뇌 영상을 결합해서 알츠하이머를 연구해보면 어떻게 될까?' '침술이 뇌에서 통증 경로를 어떻게 바꾸는지 볼 수 있다면?' 이런 의문을 처음 제기했을 때는 이상한 소리 같아 보였지만, 창의적으로 문제를 해결하는 데 주력한 덕분에 흥미로운 성과를 거두었다. 나는 그런 것들이 뇌에 어떤 영향을 미치는지 연구한 최초의 학자가 되었다.

따라서 어떤 문제에 맞닥뜨린 사람들에게 나는 이렇게 조언한다. **"문제가 무엇인지 파악한 뒤엔 곧바로 해결책을 생각하기 시작해야 합니다. 창의적인 마음으로 모든 가능성을 생각하세요. 그것들을 차례로 점검해본 다음 가장 좋다고 생각하는 방법 하나를 선택하세요. 찾아낸 답이 효과가 없는 것으로 밝혀지면 낙담하지 말고 또 다른 해결책을 찾아 나서면 됩니다."**

이렇게 해결책을 찾는 데 집중한다면 인류가 직면한 가장 큰 문제도 결국에는 해결할 수 있을 것이다. 그래서 언제나 해결책에 대해 생각하는 것이 나에게 가장 중요한 습관이 되었다.

지안프랑코 자카이
디자인 컨설팅회사 컨티늄의 대표 겸 최고 디자인 책임자.
의료 기기 부문의 혁신적 개발을 이끈 디자이너.

경계에 서서 양쪽을 모두 고려하라

　내가 안을 들여다보는 외부인인지, 밖을 내다보는 내부인인지 모르겠다. 아마 둘 다인 것 같다. 나는 상황적으로나 기질적으로나 중간쯤의 경계에 있는 것이 편하다. 나는 아홉 살 때 이탈리아에서 미국으로 건너왔다. 처음 뉴욕에 도착했을 때는 영화에서 본 선인장도, 카우보이도, 술집도 없어 실망했다. 하지만 적응했다. 스물두 살 때, 이탈리아 여행을 가서 내가 더는 이탈리아라는 나라와 문화의 일부가 아니라는 사실을 깨달았다. 그 점에도 다시 적응했다.

　언제나 두 나라에 양다리를 걸친 채 살아왔다. 이처럼 양다리를 걸친 덕분에 균형감을 지닐 수 있었고, 두 땅에서 동시에 살아간다는 느낌을 가질 수 있었다. 나는 때로는 영어로, 때로는 이탈리아어로 꿈을 꾼다. 잠자리에 들면서 영어로 꿈을 꿀지 이탈리아어로 꿈을 꿀지는 나도 모른다. 삶의 많은 부분을 한쪽으로 100퍼센트 보내지 못했기에 본성이 뒤섞여 있었고, 그것이 내게 하나의 주제가 되었다.

두 세계의 경계에서 일하는 데는 실질적인 장점이 있다. 적절한 균형감과 전문가를 비판적으로 바라보는 시각을 갖추게 된 것이다. 외부에 있지도 않고 내부에 있지도 않은 까닭에 권위와 정설定說을 배척하지 않으면서도 의문을 제기할 수 있었다. 한마디로, 회의적으로 경청하는 법을 터득한 것이다.

회의적인 시각 덕분에 훌륭한 해결책도 일시적이라는 것을 깨달았다. 또 훌륭한 해결책을 찾아내려면 강력한 동반자가 필요하다는 것도 깨달았다. 의료기기처럼 복잡한 문제를 다룰 때는 여러 사람이 개입되어야 답을 찾을 수 있다. 겸손과 논리 그리고 감성도 물론 필요하다. 디자인에서는 자아自我보다도 인내심이 더 중요하다. 이런 조건들이 수반된다면 훌륭한 결과물이 나올 수밖에 없다.

나는 각각의 층 사이에 내재된 의미가 있다고 생각한다. 사람들이 실제로 원하는 것과 겉으로 드러나는 것은 다르다. **하나에만 완전히 몰입하지 않는 사람은 두 가지를 다 읽어내고,**

양쪽을 모두 고려할 수 있다. 사람을 깊이 읽을 수 있어야 디자인을 잘할 수 있다는 건 우리 회사의 모토이기도 하다.

디자인 혁신 회사를 차린 뒤 두 가지 중요한 교훈을 얻었다. 첫째는 한 걸음 뒤로 물러서서 과제를 냉정하게 분석하는 '제로 단계'가 중요하다는 것이다. 둘째는 중요한 일에 있어서 반드시 나보다 뛰어난 다른 사람들과 함께 일해야 한다는 점이다. 이 두 가지는 지금도 우리가 일하는 방식의 핵심을 차지한다. 지난 수년간 우리는 문제를 해결하는 데 필요한 능력을 지닌 사람을 찾는 일이 얼마나 중요한지 알게 되었고, 어떤 일은 힘을 합쳐야만 해낼 수 있다는 것도 알게 되었다.

나는 진행하는 프로젝트에 속해 있기도 하지만, 내가 속한 조직의 일원이기도 하다. 또한 수많은 협력사들에도 속해 있다. 다양한 환경의 일원이 되면, 다양한 관점을 이해할 수 있다. 회사에서 나의 위치는 회사에 속한 사람이기도 하지만, 외부인이기도 하다. 직원들은 나의 생각이나 의견을 잘 알지 못한 채 추측만 하는 경우도 있다. 이런 상황을 거북하게 생각하는 리더들도 있지만, 나는 별로 개의치 않는다. 그것은 외부인이자 내부인인 내 삶에 또 하나의 층이 더해진 것에 불과하기 때문이다.

캐서린 헤이호

대기과학자이자 기후과학센터 소장.
다큐멘터리 시리즈 <위험하게 살아가는 시대>로 에미상 수상.

다른 식으로 해보겠다는 각오

"어떻게 그렇게 많은 일을 하세요?" 내가 사람들에게 가장 자주 받는 질문이다. 세간에 공개된 이력서에는 《타임》이 선정한 '세계에서 가장 영향력 있는 100인'과 《포린폴리시》가 선정한 '세계를 이끌어가는 100대 사상가' 그리고 에미상을 수상한 다큐멘터리 <위험하게 살아가는 시대>와 같이 과학자로서 이루어낸 성과들이 주로 적혀 있다. 하지만 내가 목사의 아내이자 한 아이의 어머니이고 교수이기도 하다는 사실을 아는 사람은 많지 않다.

나는 아이를 학교에 데려다주고 장보기를 끝낸 뒤에 인터뷰를 하러 녹화장으로 간다. 인터뷰를 끝낸 후에는 학생들을 만나 프로젝트에 대해 상의하고, 강의를 하며, 남편과 함께 성경학회 자료를 준비한다. 또 햄스터 우리를 청소하고 빨래도 한다. 어떻게 이 모든 일을 해내느냐고? 무척 어려운 질문이지만 나름의 비결이 있다. 내가 일해온 방식에는 조금 색다른 면이 있다.

나는 일반적인 관습을 따르지 않는다. 우리는 때로 다른 사람들의 기대에 부응하기 위해서 사는 것 같다. 부모님은 우리가 학교에서 좋은 성적을 받기를 바란다. 그리고 괜찮은 대학에 들어가 확실한 직업으로 이어지는 실용적인 학문을 공부하기를 바란다. 공부를 더 하려면 대학을 졸업하자마자, 삶이 복잡해지기 전에 대학원에 진학해야 한다. 가정을 꾸릴 때가 되면 부부 중 어느 쪽이 '중요한' 직업을 선택하고, 어느 쪽이 '집안 살림'에 더 많은 시간을 할애할지 정한다. 하지만 나는 그렇게 하지 않았다.

고등학교 시절에 가장 열심히 공부해야 한다는 관습

내가 고등학교 3학년 때 우리 가족은 콜롬비아에 살았다. 부모님이 그곳에서 선교사로 일했기 때문이다. 나는 학교 수업 이외에는 수학 과외도 과학 과외도 받지 않았고, 통신교육을 여름까지도 끝내지 못했다. 대학교 세 곳에 원서를 제출했지만 두 곳에서 퇴짜를 맞았다. 학기가 시작되기 전에 고등학교 수업을 끝내는 조건으로 한 곳에 겨우 합격했다. 그 조건을 충족시키고 좋은 학교에서 우수한 교육을 받을 수 있었다. 하지만 사회에서 정한 관습과 규칙에 따른 것은 아니었다.

학사학위를 받은 후 바로 대학원에 진학해야 한다는 관습

미국에서는 20년 전만 해도 그렇게 해야만 했다. 나는 그런 원칙을 어기고 1년 동안 배낭을 들쳐 메고 유럽을 돌아다녔다. 새로운 사람들을 만났고 다양한 문화를 경험했으며, 허름한 여인숙에서 잠을 잤다. 한 대학에서 조사원으로 일하기도 했다. 대학원에 지원할 때도 천체물리학과 대기과학 중 어떤 분야를 내가 진정으로 원하는지 몰랐다. 석사학위를 받은 다음에는 지도교수와 동료들의 말처럼 곧바로 박사학위 과정을 밟지 않았다. 컨설턴트로 일하며 논문을 발표해 연구보조금을 받았다. 그런 까닭에 엄마가 된 다음에야 박사학위 과정에 들어갔다.

학자라면 어느 한 분야의 지식에만 집중해야 한다는 관습

나는 '경험·통계적 축소법'이라는 세부 분야의 전문가다. 세계기후의 모델 출력을 국지적 기상 정보로 변환하는 중요한 연구 분야다. 나는 물리학 배경지식을 갖춘 대기과학자지만, 또한 정치과학부 교수이기도 하다. 공학자와 생태학자와 함께 일하고, 경제학 및 온갖 분야의 전문가들과 함께 작업한다. 건강에 관련된 학술지, 비즈니스 관련 정기간행물, 심지어 《굿 하우스키핑》이라는 여성 잡지에 글을 기고하기도 한다. 한마디로 전통적인 개념의 학자라고 할 수 없다.

부부 중 한 사람이 더 '중요한' 직업을 선택한다면, 배우자는 가정에 시간을 더 할애해야 한다는 관습

더 중요한 직업이라는 것이 있는지, 나는 모르겠다. 나와 남편은 똑같이 바쁘고 비슷한 성공을 거두었다. 언어학 교수이자 목사이며 세계적으로 유명한 기독교 저술가인 그는 매주 미국 전역에 방송되는 라디오 방송에 출연하고, 국내외 곳곳에서 열리는 기독교 회의에 강사로 참석한다. 하지만 나와 마찬가지로 아이를 피아노 교습소에 데려가고, 아이가 해야 하는 숙제를 도와주며, 집 청소를 한다.

문제가 있는 곳에는 기회도 있는 법이다. **다른 사람들이 기대하는 것에 자신을 구속하지 말고 약간 다른 식으로 일하는 방법을 선택한다면, 원하는 어떤 일이든 해낼 수 있다.** 이 방

법이 누구에게나 적용되는 건 아닐 수도 있지만, 내 경우엔
'다른 식으로 일하겠다'라는 작은 습관이 커다란 차이를 빚어
냈다.

에드워드 레너

프린스턴대학교 편집 주간 및 유수의 학술센터 연구원.
《사물의 역습》, 《왜 문제가 생기는가》 등의 저자.

일단 정보를 기록하고 보관하라

자기계발 서적에서 정보를 보관하고 정리하는 습관이 '성공한 사람들의 습관'으로 소개되는 경우는 무척 드물다. 그렇지만 결국 직업인으로서 나의 경력에 결정적인 영향을 미친 습관은 바로 정보 관리였다. 정보 관리는 어떤 관점에서는 시간 낭비처럼 보일 수도 있다. 저장한 정보의 대부분이 거의 사용되지 않기 때문이다. 또 강력한 검색엔진이 존재하는 시대에 정보 관리는 예전만큼 중요하지 않다고 주장하는 사람도 있을 것이다. 하지만 나는 여러 측면에서 정보 관리가 예전보다 더 중요해졌다고 반박하고 싶다.

내가 자료를 수집하는 데 관심을 갖기 시작한 건 1980년대

였다. 프린스턴대학교 출판부의 과학 편집자로 일하면서, 동시에 잡지와 신문에 글을 기고하는 이중의 삶을 살던 때였다. 편집자라는 위치에서 저명한 과학자들과 일한 덕분에, 그들을 찾아다니며 배울 기회가 많았다. 그중에는 20세기 후반에 일반상대성이론의 가장 위대한 혁신가로 존경받은 물리학자 존 휠러 John Archibald Wheeler 교수도 있었다.

휠러 교수를 만났을 때, 나는 그가 커다란 노트에 우리가 나누는 얘기를 꼼꼼히 기록하는 것을 보고 충격을 받았다. 과학계에서는 실험일지를 쓰는 것이 관례였지만, 출판계에는 대화를 기록하는 노트를 사용하는 사람이 거의 없었다. 휠러 교수는 노트에 기록하는 습관이 무척 오래된 것이라며, 원자폭탄을 연구하던 때부터 시작된 것 같다고 회고했다. 이미 수많은 노트가 분류되어 금고에 보관되어 있다고 했다. 출판계에 입문하기 전 역사를 공부했던 나는, 역사학자로서 휠러 교수의 습관이 지닌 장점을 인정하지 않을 수 없었다. 기억은 다른 것으로부터 영향을 받기 마련이다. 기억하는 과정에서 지나간 사건들을 왜곡하기도 한다. 따라서 만일 휠러 교수의 노트가 훗날 공개된다면 탁월한 역사적 가치를 지닌 자료가 될 것이 분명했다.

당시 내가 글을 기고하는 잡지 중에는 '타임-라이프'사의 사내금융 전문 월간지가 있었다. 잡지 《피플》의 편집자인 친구 랜던 존스도 나와 같은 회사에 다녔다. 종종 그와 함께 뉴욕으로 통근하며, 그가 신문에서 기사를 오려두는 습관이 있다는 것을 알았다. '클리핑 서비스 신문과 잡지 등에서 고객이 원하는 정보를 선별해 보내주는 서비스'라는 것이 있다는 건 알았지만, 그런 습관을 지닌 사람을 만난 건 처음이었다. 랜던은 미국 베이비붐 세대를 다룬 베스트셀러를 쓴 바 있어, 나는 그의 습관을 가볍게 넘기지 않았다.

그가 알려준 바에 따르면, '타임−라이프'사에는 정기간행물에서 오려낸 기사들을 주제별로 분류한 서고가 있다고 한다. 필자들은 정기간행물 색인에서 관련 문헌번호만 알아내면, 간행물들을 직접 찾아보지 않고도 조사관이 분류해놓은 파일을 복사해서 사용할 수 있었다. 잡지사에 근무하며 컴퓨터 출판물을 발행할 계획을 세우고 있던 또 다른 친구는, 내게 최신 테크놀로지 동향에 관한 기사 모음을 보여주며, 동업자들과 함께 여기저기에서 스크랩했다고 설명했다.

이런 몇 번의 경험을 통해 나도 나만의 정보 관리 습관을 마련하기로 했다. 역사학도인 나는 16세기부터 19세기까지 유럽과 미국에서 많은 이들이 이른바 '비망록'을 갖고 다니며 뭔가를 읽을 때마다 중요한 개념들을 기록했다는 걸 알고 있었다. 미국이 낳은 위대한 작가, 랠프 월도 에머슨 Ralph Waldo Emerson 과 헨리 데이비드 소로 Henry David Thoreau 는 하나의 노트를 함께 사용했다. 또 19세기의 성직자가 자신이 읽은 책들에 담긴 핵심 개념을 기록한 노트인 《인덱스 레룸 index rerum 》은 학생들의 필독서가 되어 다양한 판본으로 출간되었다. 20세기 말이 되자 복사기의 등장으로 글을 정리하고 요약할 필요가 없어졌다. 원본을 복사해서 파일로 만들면 되기 때문이다. 하버드대 경제학 교수인 한 친구는 학술지를 통째로 보관하지 않고 필요한 논문만 복사해서 보관한다고 말해주었다.

의욕적으로 자료를 모으기 시작한 나는 이제 자료를 보관하는 5단 서랍장을 3개나 갖고 있다. 정보를 무작정 저장하는 게 아닐까 망설인 적도 있었지만, 나중에 이 습관이 아주 유용한 도구라는 걸 확실히 깨닫게 되었다. 나는 전통적인 방식으로 주제를 분류하지 않는다. 예를 들면 '한계초월'이라고 이름 붙인 파일이 있다. 한계초월은 군 조종사들이 전투 시 항공기 성능의 한계에 근접할 정도로 위험하게 비행하는 것을 가리키는 표현이지만, 안전장비를 사용함으로써 더 큰 위험을 초래하는 경우에도 사용된다. 예를 들어, 미식축구에 단단한 플라스틱 헬멧을 도입한 후에 선수들이 그걸 무기로 사용하는 바람에 뇌 손상과 척추 부상이 증가했고, 복싱 글러브의 사용으로 선수들의 유혈 사태는 줄었지만 장기적인 뇌 손상은 증가한 사례가 이에 해당한다. 이런 현상들을 분류한 덕분에 연구 보조금을 받아 《왜 문제가 생기는가》를 집필할 수 있었다. 이 책을 계기로 나는 전업 작가가 되었다.

그때부터 하나의 파일은 아이디어들이 뒤섞인 작은 실험실이 되었다. 어떤 때는 '의자'라는 주제와 관련된 기사나 글들을 모은다. 그러다 파일의 주제에 속하지 않는 글을 발견하면 새 주제로 파일을 만든다. 한번은 신문에 실린 서평에서 19세기 말 민족주의 품종개량자들과 저먼 셰퍼드의 기원에 대해 언급한 내용을 발견했다. 짤막하게 소개된 내용이었지만, 거기 인용된 생물학자를 만나보고 싶다는 생각이 들었다.

그는 개와 육종, 우생학과 민족주의의 관련성을 연구하는 소수의 학자에 속했다. 그의 연구에 따르면, 독일과 미국의 애견가들은 개 혈통 연구를 인간의 혈통 개선에 사용하려 했다고 한다. 이 우생학파는 다행히도 2차 세계대전 이후 사라졌다. 그는 내가 자신의 연구를 이어가도록 지지했고, 나는 이에 대해 프린스턴과 캘리포니아공과대학 및 미국의 여러 대학에서 강연을 했다. 모아놓은 글의 한 단락에서 새로운 연결고리가 탄생한 셈이다. 그 학자는 자신의 연구를 책으로 출간한 적이 없었으므로, 책이나 정기간행물 색인을 통해서는 그런 주제를 찾아낼 수 없었을 것이다. 나는 언젠가는 이 주제로 책을 쓸 계획이다.

1980년대 말 전자 자료에 큰 변화가 생겼다. 이전까지 신문과 잡지, 특히 과학 학술지의 컴퓨터 판은 막대한 비용을 지불해야만 사용할 수 있었는데, 많은 출판사와 도서관이 연간 사용료만 내면 무제한으로 자료에 접근할 수 있는 권한을 제공하기 시작한 것이다. 처음에는 그것이 나의 습관에 큰 영향을 미치진 않았다. 나는 필요한 기사를 출력해서 평소처럼 분류해서 보관하고 있었다. 하지만 종이 파일이 감당치 못할 정도로 쌓이자, 1990년대 초부터 점점 더 많은 정보를 전자 형식의 텍스트 파일로 저장하게 되었다.

1990년대 중반 인터넷 시대가 도래하고 나서는, 웹페이지의 콘텐츠 전체를 다운로드할 수 있는 소프트웨어를 사용하게 되었다. 프린트 옵션이 제공되는 사이트라면, 기사를 PDF 파일로도 저장하기 시작했다. 그 후로 가상세계의 파일 캐비닛이 종이 파일과 진짜 캐비닛을 보완하거나 대체해갔다. 자료를 저장하는 비용이 계속 낮아지고 있으니, 저장 공간이 바닥날 가능성은 없다. 《사물의 역습》도 이런 자료로부터 탄생했다.

정보를 수집할 때 주의할 점이 있다. 첫째, 사서나 기록보

관원이 아니라면 정보 수집은 단지 목적을 위한 수단이라는 사실을 기억해야 한다. 자료는 선택적으로 수집해야 한다. 둘째, 존속이 불확실한 기업의 데이터 저장 형식은 피해야 한다. 독점적인 양식으로 저장된 몇몇 파일은, 읽으려면 12년 된 낡은 노트북을 동원해야만 할 때도 있다.

반면 노트는 이런 위험이 없고, 스캔해서 이미지 파일로 변환할 수도 있다. 이 밖에도 중대한 이점이 있다. 심리학 연구에 따르면, 학생들이 컴퓨터를 통해 다른 곳에 정신을 팔지 않고 강의 내용을 곧바로 입력한다고 하더라도, 손으로 노트에 기록할 때 정보를 더 오랫동안 기억한다고 한다. 인지심리학자 로버트 비요크 Robert Bjork 는 이런 현상을 '바람직한 어려움'이라 칭했다.

지금도 나는 제본된 A4 크기의 실험용 노트에 거의 모든 것을 기록한다. 하지만 존 휠러처럼 사건별로 다른 노트를 구분하여 사용하지는 않는다. 강연, 박물관 방문, 여행하는 동안 관찰한 것, 스케치 등 모든 것이 모눈으로 된 노트에 시간순서대로 기록된다. 간혹 복사해야 하는 신문이나 봉투를 깜빡 잊고 넘어가면, 그냥 넘기지 않고 어떻게든 그 내용을 노트에 옮겨둔다. 또 현재 사용하는 노트는 어디든 갖고 다닌다.

정보를 관리하고 보관하는 습관이 아이디어를 대신해줄

수는 없다. 정보 관리 습관은 그 자체로는 힘이 없지만, 내가 과거에 기록하지 않아 후회했던 부분을 해결해준다. 어떤 정보 시스템을 사용하든 보관한 정보의 대부분은 한 번도 사용되지 않을 가능성이 크다. 하지만 앞으로 우리에게 무엇이 필요하고, 그것이 언제 필요하게 될지는 아무도 모르는 법이다. **개인적인 자료를 기록한 많은 노트와 클리핑 파일은 참신하고 색다른 것이 비효율적인 것에서 탄생한다는 사실을 보여주는 증거이다.** 따라서 '바람직한 어려움'이란 개념에 '생산적 쓰레기'라는 개념을 더하는 게 좋겠다.

마틴 마티

목사이자 종교학자.
60여 권의 책의 저자로 전미도서상과 미국인문학상 수상 작가.

응답하면 개선된다

지금까지 내 삶을 더 나은 방향으로 이끌어온 습관이 있다. 바로 마감 시간을 지키는 것이다. 나는 항상 서너 개의 시계와 한두 개의 일정표를 갖고 다니며 마감 시간을 확인한다. 정해진 시간표에 따르는 강박증을 스위스적 유산이라며 비난하는 사람들도 있다. 남들의 눈에는 학자들의 관심을 끌 만한 심리적인 기벽으로 보일지도 모른다. 정말 나의 일정표에 심리학자와의 상담 시간이라도 넣어야 하는 걸까? 이 습관의 장점에 대해 한번 이야기해보겠다.

우선 이 습관은 글을 쓰고 강의와 강연을 하는 사람에게 큰 도움이 된다. 지난 60년간 크나큰 도움이 되었으니 내가 '습관'으로 삼은 것이 아니겠는가. 출판업자와 편집자, 기획자와 행사 주최자는 마감 시간을 지키는 사람을 좋아한다. 나는 이 직업들을 전부 경험한 덕분에, 마감 시간을 설정하고 지키는 행위의 중요성을 얼마든지 증언할 수 있다. 그동안 나는 마감 시간이 정해진 수백 편의 글을 기고하거나 편집했고, 60권이 넘는 책을 썼다. 또 주간지와 격주간지의 마감 준수도 사회생활의 중요한 부분을 차지했다. 대학에서 40년 넘게 강의하는 동안, 내가 강의 시간에 늦거나 약속을 지키지 못한 경우를 기억하는 학생이 한 명이라도 있을지 모르겠다.

그게 무슨 대수냐고 할지도 모르겠다. 또 마감 시간을 지키는 것이 어떻게 '삶에 영향을 주며 삶을 발전시킬 수 있는지' 의문을 제기할 사람도 있을 것이다. 마감 시간을 잘 지키면 무엇보다 많은 집필과 강연의 기회를 얻을 수 있다. 사실 칼럼들을 제외하면, 책이나 기사, 혹은 강연 주제도 내가 정하거나 제안해본 적이 거의 없다. 내 관심사와 능력을 잘 아는 사람들이 주제를 정해 집필과 강연을 의뢰해온 경우가 더 많다. 나는 농담 삼아 나 자신을 '생계형 작가'라고 소개하곤 한다. 생계를 꾸리기 위해 글을 쓰고, 누군가 책을 써달라거나 강연을 해달라는 요청이 들어오면 무조건 받아들이는 작가라고 말이다.

물론 누군가가 주제를 제시하기 전에, 내 나름의 아이디어와 확신과 원칙을 세워두기는 한다. 그러나 동시에 마감을 잘 지킨다는 평판을 유지하고 전화 인터뷰에 성실하게 응하는 것도 아주 중요하다. 마감 시간을 지키지 못하는 학자는 학술지 편집자와 행사 기획자의 초청 대상에서 무시되고 배제되기 십상이다. 마감 시간을 지키는 습관은 이런 사람들의 비위를 맞추고 좋은 관계를 유지하려는 야망 때문이 아니라, 보다 깊은 차원의 의미를 지니고 있다. 이제 내 몸의 일부가 되어버린 철학이라고도 할 수 있다. 지금까지 말한 내용으로만 보자면, 나는 강박적이고 비판적이며 허풍을 떠는 사람으로 보일 수도 있겠지만 이런 습관 뒤에 감추어진 철학에는 한층 합리적이고 너그러우며 유용한 면이 있다.

한 번도 만난 적은 없지만, 나의 지적 스승이자 멘토는 20세기 철학자 오이겐 로젠스토크 후시 Eugen Rosenstock-Huessy 이다. 그는 자아에 대한 합리주의자들의 설명인 '나는 생각한다, 그러므로 존재한다'가 삶의 질을 높여주는 역할을 하지 않는다고 문제를 제기했다. 지적인 삶을 사는 인간은 비판적으로 사고할 뿐 아니라, 새로운 것을 만들어낸다. **후시는 '나는 응답하며 앞으로 변할 것이다'라는 문장을 제시했으며 그것이 내 삶의 좌우명이 되었다.**

'응답하다'라는 말은 오래전에 집필 의뢰를 받았던 짤막한 영적 자서전에서도 소개한 바 있다. 나는 그 자서전에 《응답을 통하여》라는 제목을 붙였다. 로젠스토크 후시가 우리에게 깨우쳐주었듯이, 진리는 신의 힘으로 계시되거나 비판적으로 평가될 뿐만 아니라 사회적으로 합의되고 경험되기도 한다. 바꿔 말해 진리는 사사로운 차원과 보편적인 차원 모두에서 '나와 너'의 관계로 발전한다는 뜻이다.

그저 응답하는 것만으로는 가치가 없다. 후시의 말에는 삶 전체에 영향을 줄 만한 다짐, 즉 '나는 응답하며…… 앞으로 변할 것이다'라는 다짐이 담겨 있다. 나는 저술과 강연 및 만남을 통해 변했다. 내가 만난 사람들, 그런 만남에서 비롯된 자극, 또 내가 경험한 즐거움을 통해 변해왔다. 그런 변화에 마음의 문을 활짝 열고, 창의적이고 삶의 질을 높여주는 새로운 기회를 맞이했다. 이런 변화로 인해 나는 다른 사람들에게 내 마음을 열게 되었다.

프랑스어에는 '타자에게 개방적이고 타자의 처분에 자신을 맡김'을 뜻하는 'disponibilité'라는 단어가 있다. 프랑스의 철학자 가브리엘 마르셀 Gabriel Marcel 은 우리에게 그런 개방성을 추구하고 이해하고 연습하는 법을 가르쳐주었다. 그렇다고 개인적인 기준을 버리고, 어떤 제안을 하든 자존심을 팔라는 뜻은 아니다. 상대를 만족시키려는 마음이 지나치면, 그 또한 죄가 될 수 있다.

'개방적'이라는 단어는 바쁘게 지내며 많은 것을 이루어내는 사람들에게 주로 쓰인다. 별로 중요해 보이지 않는 사람이나 그다지 긴급하지 않은 상황에도 간섭한다는 뜻으로 쓰일 수도 있다. 하지만 이런 경우도 삶의 일부로, 삶을 더욱 충만하게 만들 수 있다. 개인적인 삶을 위한 여유, 가족과 함께하는 여유, 즉 며칠간의 휴가와 홀로 보내는 시간은 무엇보다 소중하다. 그러나 인간의 삶에서 대부분의 시간은 나에게 중요한 사람만이 아니라 중요하지 않은 사람까지 포함한 온갖 것에 대한 응답으로 이루어진다.

나는 멘토와 친구, 나에게 중요한 사람과 그렇지 않은 사람을 만나고 경험하는 과정을 통해 '지금 응답하는' 방법과 '개방적으로 대하는' 법을 배웠다. 여기에서 가장 먼저 언급해야 할 사람은 나의 아버지이다. 나는 네브래스카에서 어린 시절을 보냈다. 아버지는 초등학교 때 나를 가르친 교사이기도 했다. 오래전에 아버지는 세상을 떠났지만 내 삶이 한 단계씩 향상될 때마다 아버지가 내 곁에 계신다는 것을 느낀다. 신앙과 희망과 사랑의 샘이었던 아버지는 내 안에 지금도 살아 있어, 내가 응답하며 더 나은 방향으로 변하기를 기대할 때마다 다가오는 듯하다. 삶이라는 경기장에서는 아내와 자식들도 중요하다. 가족에 대한 글을 요청받으면 나는 아내와 자식들을 소재로 삼음으로써 응답한다. 아내의 죽음이나 자식들의 성장에 관한 많은 글을 썼다. 물론 그들의 프라이버시를 존중하면서.

내게 주어진 소명에 비추어볼 때 내가 중요한 사건들에 응답하지 않는다면 부당하고 잘못된 일일 것이다. 가톨릭에서는 날마다 성호를 긋고 뒤이어 짤막한 기도와 예배를 하는 습관으로 하루를 시작하고 끝맺으라고 배운다. 또 하나님을 믿는 사람은 아침에 즐거운 마음으로 일하러 가고, 저녁에는 딴 짓하지 말고 즐겁게 잠자리에 들어야 한다는 것도 배운다.

이런 습관이 일상을 통제하지 못하는 상황으로부터 우리를 구해주고, 자기 숭배에 빠지는 것을 막아준다. 이런 습관을 뒷받침하는 또 하나의 방법은 대화에 적극적으로 참여하는 것이다. 상대방이 목소리나 몸짓으로 나를 부를 때 경청하고 대답함으로써 응답한다면 삶의 진정한 개선이 이루어질 수 있을 것이다.

존 판던

철학, 과학, 수학, 문학, 예술, 역사 등의 다분야를 넘나드는 학자.
《Oxbridge, 생각의 힘》, 《이것은 질문입니까?》 등의 저자.

습관을 점검하라

　내 삶을 꾸준히 개선해준 습관이 있느냐고? 한마디로 대답하기는 어렵다. 습관이라는 것을 살짝 불신하는 입장이기도하다. 물론 좋은 습관도 있다. 매일 먹고 씻는 행위, 옷을 깔끔하게 차려입고 일하는 행위는 좋은 습관이라고 할 수 있을 것이다. 하지만 이런 것은 불가피한 행위들이다. 일반적으로 습관이라 말할 때는 규칙적으로 반복하는 행위, 다시 말하면 새로운 것에 적응하는 것보다 더 쉽기 때문에 별다른 생각 없이고수하며 되풀이하는 행위를 말한다.

　우리는 습관에 의존해서 뇌를 학대하지 않고도 하루를 보낸다. 달리 말하면, 습관 덕분에 소중한 시간과 지적 능력을 사용하지 않고도 여러 행동을 신속하고 효과적으로 해낼 수 있다. 한편으로 습관을 통해 개인적인 능력을 계발하기도 한다. 예컨대 피아노 연주자는 훈련과 연습을 통해 뇌에 자동적인 통로를 형성해 피아노 건반을 정확하고 신속하게 찾아낸다. 습관은 우리가 전화를 받으면서도 커피를 타는 일상적인 행위를 해낼 수 있게 해준다.

따라서 습관은 우리 삶에서 무척 중요하다. 습관은 우리가 해내는 모든 것에서 핵심적인 부분을 차지한다. 모든 행위, 모든 생각을 의식적으로 하며 살아가는 사람은 한 명도 없다. 습관은 우리 삶에서 중요한 지름길을 마련해준다. 습관 덕분에 우리는 시간을 절약하고 다른 중요한 일을 해낼 수 있다. 습관은 학습하는 것이며, 내 직업인 글쓰기도 학습된 습관이다.

습관은 우리가 의식적인 생각 없이 해내는 행위라는 게 중요하다. 이런 이유에서 우리 삶에 도움이 되는 습관이 무엇인지 금방 생각해낼 수 없고, 어떤 습관이 좋은 것인지 나쁜 것인지 판단하기도 쉽지 않다. 습관에 대해 생각하지 않고 지낸다는 게 습관의 본질이기 때문이다. 그러나 우리에게 어떤 습관이 있는지 생각해낼 수 없다고 해서 습관이 없는 것은 아니다. 오히려 우리 삶은 전체적으로 습관을 기반으로 이루어진다. 우리 삶의 일부분으로 완벽하게 일체화되어 버린 나머지, 그 존재를 알아채기 어려울 뿐이다.

언젠가 한 친구가, 내가 앉아서 대화할 때면 다리를 떠는 고약한 습관이 있다고 지적했다. 그녀에게는 그 습관이 무척 짜증스럽게 보였던 모양이다. 나는 내가 그런 행동을 한다는 걸 전혀 몰랐다. 그런 버릇이 있다는 걸 알게 된 후에도 중단하는 게 쉽지 않았다. 아무 때나 누구 앞에서나 박자에 맞추어 다리를 떨고 있는 나 자신을 뒤늦게 알아챌 때가 한두 번이 아니었다. 그렇게 하는 이유는 모르겠다. 남들에게는 짜증스럽게 보이는 행동일지도 모르지만, 꼭 나쁜 습관이라고 할 수만은 없을 것 같다. 그런 반복적인 신체적 행위를 통해 에너지를 분출함으로써 오히려 마음을 한층 안정시키고 대화에 집중하게 되는 걸지도 모르니까.

어떤 행위가 습관이 된 다음에는 그 행위를 의식하지 못한다. 우리는 삶을 살아가는 과정에서 기준으로 삼을 만한 행동과 가치를 각자의 판단하에 선택할 수 있다. **그 행동이 가치 있는 것이라면 습관으로 발전되기를 기대할 수 있고, 때로는 삶을 돌이켜보며 해로운 습관은 없는지 살펴볼 필요도 있다.**

나는 이런 식으로 해로운 습관을 하나씩 찾아내서 조금씩 바로잡았다. 예를 들어, 예전의 나에게는 비판으로부터 나 자신을 지키려는 습관이 있었다. 비판적인 이메일을 받으면, 즉각 변명하고 반박하는 답장을 보냈다. 이런 반응이 무의식적인 반발에 불과하며 지극히 비생산적이라는 걸 깨닫는 데 상당한 시간이 걸렸다. 이메일에만 이런 식으로 반응하는 게 아니었다. 많은 상황에서 우리는 자신에게 향하는 비판에 무작정 이런 반응을 보인다. 그래서 말싸움이 격해지고 극단으로 치닫게 된다.

이 해로운 습관의 존재를 깨달은 후, 그 습관을 없애려고 무척 노력했다. 이메일로 비판적인 평가를 받거나, 어리석고 짜증스럽게 느껴지는 훈수를 받으면 잠깐 휴식을 취하며 마음을 가다듬었다. 잠깐의 시간이지만 그렇게 휴식을 취하고 나면, 훨씬 차분하고 생산적인 방향으로 답장을 보낼 수 있음을 깨달았다. 게다가 때로는 비판을 긍정적으로 해결하는 방법까지 찾아낼 수 있었다. 다리를 건너다가 다쳤다고 해서 다리를 몽땅 태워버리기보다는 보수하는 편이 훨씬 낫지 않겠는가. 또 상대방의 진심을 내가 완전히 다르게 해석하는 경우가 비일비재하다는 것도 깨달았다. 상대의 의도와 상관없이 나 혼자 머릿속으로 비판의 강도를 높여왔던 적이 많았던 것이다.

이 고약한 습관을 없애기 위해 나는 무의식적인 반응의 정반대에 있는 습관을 기르려고 애썼다. 예컨대 약간의 시간을 두고 나 자신을 반성하고, 상대가 어떤 이유에서 비판했는지를 이해하려 애쓰며, 그 비판으로부터 긍정적인 결과를 끌어낼 수 있는 방법을 찾아보는 식이다.

긍정적인 습관은 긍정적인 결과를 낳기 때문에 이런 습관을 기르기는 한결 쉽다. 사람들은 자신의 불평이 정당하든 그렇지 않든 간에 상대에게 받아들여졌다는 걸 알게 되면 안도하는 경향을 띤다. 따라서 상대와의 관계가 깨지지 않고 강화된다. 나도 상대의 비판이 내 생각처럼 부정적인 의도가 아니었다는 걸 알게 되면 안심한다. 따라서 스트레스가 크게 줄어들고, 상대와의 관계가 개선된다. 내가 공격받았다는 생각마저 사라진다.

전 지구적으로 보면 이런 오해가 끊임없이 발생해 수많은 갈등을 불러일으킨다. 우리는 상대의 행위를 공격이나 비판이라 인식하면 적대적으로 반응한다. 습관적인 반응이다. 물론 상대의 행위가 실제로 공격일 수 있지만, 그렇다 하더라도 약간의 시간을 두고 문제를 해결할 방법을 찾아보면 얼마든지 해결할 수 있는 경우가 많다. 어쩌면 상대가 위협을 받았다고 느꼈기 때문에 공격을 시작했을 가능성도 있다.

비판에 대한 적대적인 반응이 우리가 불안감을 통해 학습한 나쁜 습관에 불과하다는 사실을 깨닫게 된다면, 또 우리가 충분한 시간을 두고 다른 사람들과 공감하고 함께 일하며 이해의 폭을 넓혀가면 지금보다 훨씬 더 조화롭고 긍정적인 삶을 꾸려갈 수 있다는 사실을 깨닫는다면, 얼마나 좋겠는가! 내가 대안으로 제시한 습관은 우리 모두가 합심해서 키워가야 할 습관이 아닐까 싶다. 간디 Mahatma Gandhi 가 일찍이 이런 생각을 매우 지혜로운 문장으로 정리해주었다.

그대의 믿음이 그대의 생각이 됩니다.
그대의 생각이 그대의 말이 됩니다.
그대의 말이 그대의 행동이 됩니다.
그대의 행동이 그대의 습관이 됩니다.
그대의 습관이 그대의 가치관이 됩니다.
그대의 가치관이 그대의 운명이 됩니다.

간디의 말이 절대적으로 옳다. 습관이 가치관이 된다. 내가 바로 살아 있는 증거이다. 나 역시 진정으로 소중하게 생각하는 가치관에 맞는 습관을 학습함으로써 그 가치관을 몸에 배게 할 수 있었다.

샤시 타루르
유엔 사무차장을 역임한 인도의 대표적인 지식인이자 정치인.
《위대한 인도 소설》,《팍스 인디카》 등의 저자.

세상을 더 나은 곳으로
만들기 위한 노력

나에게 가장 의미 있는 습관은, 이 지구에서 다른 사람의 삶을 긍정적인 방향으로 변화시키는 것이 우리의 역할이라는 생각으로 일하고 살아가려는 것이다. 나의 개인적인 활동과 직업적인 활동 모두 이 전제로부터 시작하고 끝난다.

유엔 UN 에서 보낸 29년은 가장 기본적인 차원에서 인류를 돕는 기회였기에 나에겐 참으로 소중한 시간이었다. 유엔에서 일하기 시작한 초창기엔 싱가포르의 유엔난민고등판무관실에서 일했는데, 한밤중까지 일하고 완전히 지쳐 잠자리에 들더라도 그날 한 일이 사람들의 삶에 큰 변화를 주었다는 확신만으로도 보람을 느끼곤 했다. 당시에 많은 사건들을 경험했지만, 내적인 만족감이 충만해 기억에 콕 박힌 일화가 하나 있다.

어느 베트남 가족이 부실한 트랙터 엔진을 설치한 허름한 배를 타고 혼란에 빠진 조국에서 탈출을 시도했다. 그런데 그만 남중국해 한복판에서 배가 멈춰버리고 말았다. 식량이 떨어지고 식수까지 바닥났지만, 그들은 빗물을 받아 연명하며 희망을 잃지 않았다. 망망대해에서 어린 두 아이가 먹을 것을 달라고 보채자, 부부는 두 아이에게 필요한 영양분을 공급하려고 자신들의 손가락에 상처를 내 피를 빨게 했다. 마침내 미국 선박의 구조를 받았을 때, 부부는 쇠약해질 대로 쇠약해져 혼자 일어서지도 못할 지경이어서 미국 선원들이 둘러업고 올라와야만 했다.

그들이 싱가포르 항구로 옮겨진 다음부터 나는 인도적인 관점에서 난민에게 보장된 권리를 두고 싱가포르 정부와 줄다리기를 해야 했다. 당시 싱가포르 정부는 베트남 가족을 타국으로 옮긴다는 확실한 보장이 있어야 상륙을 허가하겠다는 입장을 고집했다. 하지만 가족의 건강 상태를 고려하면, 일 초라도 빨리 그들을 종합병원의 집중치료실로 데려가야만 했다. 목숨이 경각에 달려 있었기 때문에 싱가포르 당국에 관런 규정을 넓게 해석해달라고 애원하고 간청했다. 간신히 싱가포르 정부의 허락을 받아 그들을 집중치료실로 데려갔지만, 살아날 거라는 확신은 없었다. 그리고 석 달 후, 그들이 건강을 되찾아 말끔한 옷차림으로 새로운 보금자리인 미국으로 떠나는 비행기에 오르는 걸 보고 나는 한없이 기뻤다. 어떤 직업에서 그런 만족감을 맛볼 수 있겠는가.

이런 비극적인 사건과 국제사회의 반응에서 나는 내 일에 자부심을 얻었다. 베트남 '보트 피플'의 위기가 한창이던 때 싱가포르의 유엔 난민고등판무관실 소속으로 난민수용소를 관리하는 젊은 관리였던 나는 유엔이 인류를 위해 유익한 역할을 해낼 수 있다는 걸 몸소 깨우칠 수 있었다. 내가 하는 역할의 많은 부분은 비정부기구나 종교단체 혹은 개인도 해낼 수 있는 것이었다. 하지만 유엔은 그런 선의의 개인이나 단체가 할 수 없는 일까지도 해낼 수 있었다. 정부 간 조직으로서 회원국에 영향력을 행사할 수 있었기 때문이다.

구조된 난민을 항구로 데려가는 조건을 해당 국가와 협상하고, 난민의 상륙에 따른 의견 충돌을 해결할 수 있는 것은 유엔뿐이었다. 유엔만이 난민수용소의 운영을 책임지고, 다른 나라에서의 재정착을 보장하고 가까운 국가의 항구에 상륙시킬 수 있었다. 난민들을 받아들이도록 수십 개국의 출입국 관리 직원들을 설득해서 문제를 해결할 수 있는 기관도 유엔뿐이었다. 유엔에서 일하며 깨달은 것이 있다면, 그곳이 인류를 위해 진정한 차이를 만들어낼 수 있는 유일한 조직이라는 사실이었다. 이런 이유에서 나는 유엔에서 근무한 시간이 한없이 자랑스럽다.

물론 이런 환경에서는 인도주의적인 일을 하기가 상대적으로 쉽지 않냐고 말할 수도 있다. 그럼, '평범한' 직장에서 일하는 사람은 어떻게 하면 이런 차이를 만들어낼 수 있을까? 나는 유엔의 관료적인 부서에서도 근무했다. 유엔 공공정보국 책임자로 일할 때는 세계 곳곳에서 찾아온 유능한 사람들의 창의적인 에너지를 자극하는 과정에서 보람을 얻었다. 나의 업무는 유엔이란 조직에서 자신의 재능을 꽃피워보려고 77개국에서 찾아온 유능한 인재 800명의 관리자로서 그들을 인도하고 자극해서 능력을 최대치로 끌어내는 것이었다. 물론 그들로부터 배우는 것도 업무의 하나였다. 유엔과 같은 조직에서 일하는 사람들은 현명함과 열정, 그리고 더 나은 세상을 만들기 위해 초과근무도 마다하지 않겠다는 의지와 성실함으로 조직에 기여한다. 그들은 자신의 노력으로 세상이 달라지는 모습에서 동기를 부여받는다. 유엔에서 일한다는 것은 개인이 정상적인 상황에서 해낼 수 있는 것보다 훨씬 더 큰 역할을 해낼 수 있도록 지원한다.

지난 6년 동안 나는 인도 정계에서, 정확히 말하면 인도 의회에서 티루바난타푸람 지역민을 대표한 의원으로 활동하면서도 이런 마음가짐을 잃지 않았다. 이곳에서는 지역 선거구민의 개인적인 문제를 해결해주고 개발정책을 통해 공동체 전체의 이익을 도모하는 동시에, 세계에서 가장 큰 민주국가 인도의 12억 국민에게 긍정적인 영향과 이익을 주기 위한 법률과 정책을 입안하는 역할을 맡고 있다.

유엔에서 근무하던 때나 인도에서 정치인으로 살아가는 현재나 전반적인 삶은 원칙이 크게 다르지 않다. 어떤 일을 하더라도 최선을 다하겠다는 것이다. **내가 몸담은 이 세상을 조금이라도 더 나은 곳으로 만들기 위해 전력을 다한다.** 민주주의와 다양성을 지키고, 다원주의에 대한 확고한 신념을 바탕으로 인간의 무한한 가능성을 추구하려 한다.

대럴드 트레퍼트
서번트 증후군을 연구하는 정신의학자.
《서번트 신드롬》,《천재들의 섬》 등의 저자.

멜로잉 하기

정신과 의사로 일하는 동안 나는 '부식 방지자'들에게 꾸준히 관심을 가졌다. 부식 방지자란, 자동차를 오랫동안 잘 사용하기 위해 관리하듯이 자신을 돌보고 배려하는 사람에게 내가 붙여준 이름이다.

육체적 건강을 관리하는 법을 다룬 책은 무수히 많다. 먹는 것과 마시는 것을 절제하고, 담배를 끊고 체중을 조절하고 때맞추어 유방조영술 등 건강검진을 받아야 한다는 건 이제 상식이 되었다. 그러나 전반적인 건강에서 육체적 건강 못지않게 중요한 심리적 건강, 즉 정신 건강을 관리하고 돌보는 법에 대한 정보는 별로 없는 것 같다. 그래서 정신 건강의 중요성과 정신 건강을 위한 특효 약에 대해 이야기해볼까 한다.

우리가 알고 지내는 사람이든 아니든 간에 따뜻한 미소만큼 다정하게 느껴지는 환대는 없을 것이다. 미소에는 상대를 기분 좋게 해주고 불안감을 씻어주는 효과가 있다. 내 환자 중 한 명은 미소의 이런 장점을 극대화해서, 자신의 자존감과 행복감이 외부의 미소로만 나타나는 게 아니라 '내면의 미소'로도 표현된다고 말했다.

나는 그 표현이 마음에 들었다. 그래서 그 후로는 기회가 닿을 때마다 마음속으로 웃으려고 한다. 내면의 미소를 정의할 때 나는 '멜로우mellow'라는 단어를 사용한다. 멜로우는 '완전히 익어 달콤하고 온화하며, 거칠거나 딱딱하지 않고, 풍부하고 원숙하며 순수하고, 젊음의 화려함과 미성숙과 예민함을 벗어나 연륜을 통해 얻은 원숙함과 부드러움과 친절함을 갖추고, 느긋하고 편안하며 유쾌한' 상태를 나타낸다. 이 중 '연륜을 통해 얻은 원숙함과 부드러움과 친절함'이란 표현을 나는 좋아한다. 내가 지난 40년 동안 일하며 만난 연장자들을 정확히 묘사한 표현이기 때문이다. 여기에 나는 '지혜'와 '남의 기분을 헤아리는 세심함'이라는 자질을 덧붙이고 싶다. 그들이 삶의 경험을 통해 얻은 소중한 교훈으로, 내가 직접 확인한 것들이다. 이런 자질들을 하나로 잘 엮는다면, 우리 아들과 딸, 손주와 증손주들이 본받을 만한 강력한 롤모델이 될 수 있을 것이다.

어떻게 하면 지금보다 느긋하고 즐겁게 지낼 수 있을까? 나는 많은 사람들에게서 과거에 겪은 힘겨운 삶에 대한 이야기를 들었다. 이런 임상 경험을 바탕으로, 만약 내가 정신 건강과 내면의 미소를 위한 처방전을 쓴다면 다음과 같은 성분 혹은 조건을 반드시 포함시킬 것이다.

첫째는 우리 삶의 영역에서 균형을 찾으라는 것이다. 예컨대 우리 행위와 우리 존재 간의 균형, 자신과 타인을 향한 균형 잡힌 존중이 필요하다. 특히 우리가 함께 살며 사랑하는 사람들과 주고받는 따뜻하고 인간적인 관계에 감사하는 마음을 가져야 한다. 이런 마음은 이 땅에서 가장 필요한 것이다.

또 우리 삶을 어수선하게 만드는 다급한 일과, 우리가 함께 살며 사랑하는 사람들에게 그러듯이 흔히 간과하고 넘어가는 중요한 일 사이의 균형을 되찾는 것도 필요하다. 지나치게 자주 뒤로 미루는 습관과 지금 이 순간이 사라지기 전에 마음껏 만끽하려는 욕구 예컨대 아이가 성장한 후에는 가족들이 그 시절에 대해 잘 말하지 않기 때문에 어린 시절의 소중한 순간들이 사라진다 사이의 균형도 있어야 한다.

정신 건강과 내면의 미소를 위해서는 다른 조건들도 갖추어야 한다. 가장 좋아하는 의자에 앉아 취하는 휴식이나 음악

감상 혹은 숲길 산책 등을 통한 기분 전환, 자신의 의견을 말하는 데 그치지 않고 상대의 말도 경청하는 한 단계 발전한 커뮤니케이션, 그리고 더 크고 가치를 지닌 무엇인가에 속한 목적의식과 영성, 한 번의 긍정을 위해서는 천 번의 부정이 필요하다는 것을 알고 자신의 선택에 대해 가지는 편안한 확신, 《어린 왕자》 속 여우의 말처럼 "본질적인 것은 눈에 보이지 않기 때문에" 본질적인 것과 지엽적인 것 사이에서 우선순위를 정하는 결단 등을 갖춰야 한다.

결국 '부드럽고 풍부함'을 뜻하는 멜로잉 mellowing 은 기본적으로 균형 잡힌 시각이다. 우리는 완벽한 기후, 완벽한 직장, 완벽한 배우자, 완벽한 가족을 찾아 사방을 헤집고 다닌다. 한참의 시간이 지나고 나중에야, 때로는 위기가 닥친 후에야 사랑과 감사, 특별함과 믿음, 따뜻함 등 우리가 줄곧 찾아온 '더할 나위 없이 좋은 것'이 바로 우리 곁에, 가족의 품에 있었음을 깨닫는다. 건강이 망가진 후에야 그 소중함을 깨닫는 이유가 무엇일까? 폐에 종양이 생기거나 뇌졸중으로 쓰러진 후에야 생명과 주변 사람들의 소중함을 깨닫는 이유는 또 무엇일까?

멜로잉 덕분에 우리는 그처럼 오랜 시간을 헛되이 낭비하지 않아도 된다. 가수 존 파라 John Farrar 는 〈Have You Never

Been Mellow?〉라는 노래에서 이렇게 묻고 있다.

그대는 유유자적한 적이 없었나요?
그대는 내면에서부터 편안함을 찾으려고 해본 적이 없었나요?
그대는 그대의 노래를 듣는 것만으로 만족한 적이 없었나요?
그대는 상대가 강한 것을 허락한 적이 없었나요?

내면의 미소를 짓는다는 것은, 느긋하고 편안하며 즐거운 마음을 유지하고 내면의 편안함을 찾는다는 뜻이다. 내면의 미소는 자신이 흥얼거리는 노래를 듣고 그 가치를 인정하는 것이고, 우리 자신의 고유한 영혼의 모습을 인정하고, 주변의 많은 영혼들이 우리와 다른 모습으로 저마다 고유한 가치를 지니고 존재한다는 사실을 인정하는 것이다.

심리학자 롤로 메이 Rollo May 의 말처럼 사랑의 반대는 증오가 아니라 무관심이다. **멜로잉을 한다는 것은 우리 주변 사람들, 특히 삶에서 중요한 위치를 차지하는 사람들에게 무관심하지 않는 것이다.** 화창한 날에 손을 맞잡고 따뜻한 미소를 나누며 숲길을 함께 산책하면 우리는 눈물과 웃음, 신뢰와 친근함, 따뜻함과 즐거움 등 특별한 감정을 느낀다. 이보다 더 좋을 수는 없다.

멜로잉은 알약으로 얻을 수 있는 게 아니다. 과학이 아무리 발달해도 마찬가지일 것이다. 느긋한 마음으로 삶을 즐기며, 우리에게 중요한 사람들에게 관심과 애정을 기울이고, 감사하는 마음을 표현하려고 노력할 때 우리 내면에서 자연스레 생겨난다. 의식적으로 삶의 속도를 늦추고, 관용과 사랑으로 그 자리를 대신 채우는 것이다.

중요한 사실을 덧붙이자면, 멜로잉은 전염병은 아니지만 주위 사람들을 감염시킨다. 주위 사람이 당신을 감염시킬 수도 있고, 당신은 다시 주변 사람들을 감염시킨다. 멜로잉은 이런 식으로 확산된다. 아주 기분 좋은 감염이다. 당신은 지금까지 유유자적한 적이 없었는가? 이제 시작해도 늦지 않다. 멜로잉은 가장 쉽게 구할 수 있는 항우울제이다. 게다가 공짜이고, 바로 옆에 있다. 또 우리를 속으로 미소 짓게 만든다.

바버라 스푸리어
메이요클리닉 혁신센터의 행정이사.
《크게 생각하고, 작게 시작하고, 신속하게 움직여라》 등의 저자.

더 많이 누리고 더 적게 움직이기

나의 동료이자 상사였던 낸 소여는 2005년 유방암 진단을 받았다. 그녀는 활달한 성품과 영감을 지닌 사심 없는 리더였다. 그녀의 곁에 오래 있었던 사람은 누구나 그녀를 진심으로 사랑했다. 그러나 암과의 전쟁 끝에 그녀는 몇 해 전 결국 세상을 떠났다.

그녀가 유방암과 싸우고 있을 때, 나도 유방암 진단을 받았다. 가족력이 전혀 없는 데다 알려진 위험인자도 없었기에, 예상치 못한 충격이었다. 투병 생활이 끝나갈 무렵, 그녀는 내 삶에 '더 많이 누리고 더 적게 움직이기'라는 원칙이 필요하다고 조언해주었다. 산더미 같은 업무를 끝내려고 온종일 정신없이 뛰어다니는 내 삶의 문제를 정확히 지적한 것이었다. 우리는 암과의 투쟁 과정에서 배운 교훈과 삶을 누리는 여유를 가지는 방법에 대해 진심 어린 대화를 나누었다.

그녀가 세상을 떠난 후, 나는 지금까지의 삶을 돌이켜보며 '더 많이 누리고 더 적게 움직이기'라는 그녀의 조언에 대해 깊이 생각했다. 내 삶을 여러 관점에서 생각해보았다. 둘도 없는 친구였고 아낌없는 사랑을 주었던 부모님이 차례로 세상을 떠났다. 어머니가 세상을 떠난 지 1년 만에 아버지가 돌아가셨다. 메이요클리닉의 새로운 혁신센터 건립을 돕는 큰일을 맡아, 신생기업을 세상에 내놓는 데 일조했다.

내적으로는 나의 습관과 행동을 돌아보았고, 외적으로는 가족과 친구와 동료들에게 내가 어떤 모습으로 비추어지는지 물어보았다. 사람들은 내가 몽상가이자 행동가라고 평하면서도, 행동가로서의 측면이 훨씬 도드라져 보인다고 했다. 행동은 사실 나의 본성과는 거리가 먼 것이어서 내적인 문제를 일으켰다. 하루가 끝날 때 계획된 업무들을 끝마치지 못하면 임무를 완수했어야 한다는 공허감을 떨쳐내지 못하곤 했다.

나의 암 전문의는 유방암 재발을 막기 위해 내가 할 수 있는 일은 네 가지뿐이라고 했다. 첫째, 정서적인 건강을 유지할 것. 둘째, 신체적인 건강을 유지할 것. 셋째, 건강에 좋은 음식을 먹고 체중을 줄일 것. 넷째, 항암제를 복용할 것. '탄성 회복력' 전문가에게서는 우리 뇌가 두 가지 방식으로 작동한다는 걸 배웠다. 하나는 자유롭게 떠돌아다니는 상태인 '디폴트 모드', 다른 하나는 어디에도 현혹되지 않고 뭔가에 집중하는 상태인 '포커스 모드'이다. 나는 뇌를 포커스 모드에 놓음으로써 마음의 평화를 얻고 더 많이 누리는 삶을 찾는 방법을 배우려고 애썼다.

현실은 우리가 어떻게 생각하고 무엇을 기대하느냐에 따라 달라진다. 우리의 생각이 습관이 되고, 그 습관은 일상의 한 부분이 된다. 내가 경험한 바에 따르면, 생활 방식을 가장 효과적으로 변화시키는 방법은 일종의 의식처럼 반복해서 습관을 만드는 것이다. 나는 '더 많이 누리고 더 적게 움직이기'라는 원칙을 받아들이고 여기저기에서 배운 교훈들을 더해, 다음과 같은 네 가지 습관을 들였다.

감사하기

나는 가족과 친구를 비롯한 모든 인간관계와 공동체와 직장과 가정 그리고 건강까지, 내게 주어진 축복에 감사하며 하루를 시작한다. 이처럼 모든 것에 감사하는 맑은 마음으로 하루를 시작하면 세상을 긍정적으로 보려는 마음과 행복이 커진다. 모든 것에 감사하는 것이 사는 동안 더 자주 경험하고 싶은 감정이라는 신호가 뇌에 전달된다.

하지만 부정적인 생각에 사로잡혀 지내는 사람이 의외로 많다. 문제 상황이 제대로 풀리지 않는다는 이유로 머릿속에서 끝없이 부정적인 시나리오를 써내려가는 것이다. 우리의 잠재의식은 스스로 작성한 시나리오를 따르게 되어 있다. 따라서 나는 하루를 항상 감사하는 마음으로 시작하려고 한다. 진부하게 들릴 수도 있겠지만 그 효과는 대단하다. 나는 종일 감사하려고 애쓰며, 그날 일어난 좋은 일들을 되새긴다. 이런 습관을 가지면, 앞질러 가려고 버둥거리는 대신 지금 이 순간에 존재하는 충만감을 누릴 수 있다.

건강 관리

나는 정서적인 건강과 신체적인 건강을 유지하기 위해 노력해왔다. 신체적인 건강을 위해서 처음에는 직장에 있는 헬스클럽에 가입했다. 그런데 그렇게 하니 일과 운동을 머릿속에서 명확히 구분하기가 쉽지 않았다. 그래서 동네에 있는 헬스클럽으로 옮겼다. 온종일 운영하는 곳이어서 내 일정표에 따라 적절하게 운동 시간을 선택할 수 있었다. 나는 숙면을 취하려고 열심히 운동하는 편이다. 잠을 편하게 자고 푹 쉬지 않으면 맑은 정신으로 일하기 힘들다는 걸 알기 때문이다. 더 깊은 숙면을 위해 꾸준히 운동할 생각이다. 영양 섭취에 관한 강의를 듣고, 당 섭취를 줄이고 좋은 지방과 채소를 더 많이 섭취하는 식단으로 바꾸었다.

신체적 건강만큼이나 정서적 건강을 유지하기 위해서도 상당한 노력을 기울인다. '마음 근육'을 단련하려고 매일 노력한 덕분에 이제 마음 근육이 과거에 비해 훨씬 강해졌다. 우리 에너지를 갉아먹는 분노와 불안감 같은 부정적인 감정을 이겨내고, 삶에서 부딪히는 문제들을 긍정적인 방향으로 해결하려면 정서적으로 건강해야 한다. "활기 넘치는 마음이야 말로 삶에서 가장 중요한 요소"라고 아리스토텔레스가 말하지 않았던가.

감정 에너지가 막힘없이 우리 내면에서 흐를 때 자연스레 의욕이 샘솟는다. 의욕이 넘치는 사람의 힘은 거칠 것이 없다. 나는 인간의 동기에 대해 문화인류학자 마거릿 미드 Margaret Mead 가 남긴 말을 좋아한다. "생각이 깊고 열정적인 소수가 세상을 바꿀 수 있다는 걸 의심하지 마라. 이는 영원히 변하지 않는 유일한 진실이다."

감정에 휘둘리지 않고 합리적으로 선택하고 평화롭게 살아가기 위해서는 내적인 힘이 필요하다. 적절한 영양 섭취에 운동이 더해질 때 정서적 행복감이 향상된다는 것을 경험상 깨달았기 때문에, 몸과 정서의 건강을 하나로 생각하려고 노력한다. 최근에 시작한 요가는 마음을 차분하게 가라앉히고 존재의 상태를 더 깊이 의식하는 데 도움이 된다.

건강 관리에서 마지막으로 생각해야 할 것은 에너지이다. 나는 나에게 긍정적인 에너지를 주는 사람과 일들을 삶에 끌어오려 애쓴다. 긍정적인 사람과 사건을 의식적으로 눈여겨보다 보니, 의외로 많은 사람들이 해결책을 모색하지 않고 문제에만 매달려 전전긍긍하며 비극을 자초한다는 걸 알게 되었다. 모든 것을 부정적으로 생각하고, 걸핏하면 화를 내거나 비판을 일삼으며 칭찬에 인색한 사람들이 있다. 그런 사람들을 삶에서 아예 지워버릴 수는 없겠지만, 정서적인 행복과 자기 보호를 위해 가능하면 접촉하지 않으려 애쓴다. 부정적인 에너지와 혼란을 몰고 다니는 사람들이 내 삶에 지나치게 끼어들면 정서적인 건강과 행복감을 유지하기 힘들다.

아버지가 세상을 떠났을 때는 무척 힘들었다. 아버지는 나에게 긍정적인 에너지를 가장 많이 준 사람이었기 때문이다. 하지만 긍정적인 에너지는 어디에나 있다. 마음의 문을 활짝 열고 그런 에너지를 받아들이기만 하면 된다. 다행히 나는 한적한 농장에서 살아가는 축복을 받았다. 농장에 앉아 글을 쓸 때마다 자연환경으로부터, 밭에서 무럭무럭 자라는 곡물로부터, 또 주변에서 지저귀는 새들의 노랫소리와 말을 타는 즐거움으로부터 긍정적인 에너지를 받는다. 우리 주변 어디에나 존재하는 놀라울 정도로 너그러운 사람들로부터도 크나큰 긍정적 에너지를 얻는다.

마음 챙김

마음 챙김 mindfulness 을 수련한 이후로 주변 현상에 현혹되지 않고 마음을 더욱 집중할 수 있게 되었다. 흐름에 마음을 맡기고, 내가 평온한 상태에서 벗어나면 순순히 인정하려고 애쓴다. 사소한 일에도 짜증이 나거나 다른 사람들의 행동을 고치려는 욕구가 생기면 평온한 상태에서 벗어난 것이다. 이런 상황이 닥치면 나는 곧바로 모든 일을 멈추고, 똑바로 생각하는 상태로 돌아가려고 마음을 조정한다. 또 전자제품과 소음을 일상의 삶에서 대폭 줄여 주의력을 방해하는 것들을 멀리하는 습관을 들이기 시작했다.

심리학자들은 성격을 내향성, 외향성으로 구분하는데, 나 같은 사람들을 정확히 '양향성'이라 지칭한다. 나는 정신을 집중하고 내적인 성찰을 위해서 조용히 혼자 있어야 하는 사람이지만, 또 주위 사람들과 사건들로부터 자극을 받아야 의욕이 생긴다. 그래서 함께 있다가도 혼자만의 조용한 시간을 가지기 위해 밖으로 나간다. 주중에는 회사 주변을 산책하고, 농장에 있을 때는 헛간까지 천천히 걸어가서 자잘한 일을 하거나 동물들을 보살핀다. 오랫동안 디지털 기기를 완전히 꺼놓고 조용한 시간을 즐기기도 한다. 과학기술이 우리를 이어주고 많은 정보를 전해주는 것은 사실이지만, 언제나 나를 바깥세상과 연결해두어야 한다는 압박감이 들 수 있기 때문이다.

친절 베풀기

다른 사람에게 불친절하면서 혜택을 얻기를 바란다는 것은 어불성설이다. 어머니와 나의 상사 낸 소여는 내가 알기로는 세상에서 가장 친절한 사람들이었다. 다른 사람에게 아낌없이 시간을 내주었고, 상대방의 상황에 깊이 공감하는 모습을 보여주었다. 나도 부족하기는 하지만, 언제나 사람들을 친절하게 대하고 지지하려 애쓴다. 어머니, 아내, 친구, 공동체 시민, 한 기업의 일원으로서 맡은 역할에 충실하려고 노력한다. 마음으로만 친절하겠다고 생각하지 않고 밖으로 표현할 기회를 찾지만, 봉사할 기회를 놓치고 넘어간 적이 많았다. 얼마 전부터 지역민에게 무료 식사를 제공하는 자원봉사를 다시 시작하며, 어려운 사람들과 함께하는 기쁨을 얻고 있다. 내 주변의 친구들과 가족들이 보여주는 친절한 모습에서 에너지를 얻고 많은 것을 배운다.

결론적으로, **일상적으로 행하는 네 가지 습관, 감사하기, 건강 관리, 마음 챙김, 친절 베풀기를 통해 더 많이 누리고 더 적게 움직이면서도 삶에 더 많은 의미를 부여할 수 있게 되었다.** 여러분도 더 많이 누리고 더 적게 움직이며 인간다운 삶을 누릴 수 있기를 진심으로 바란다.

그레이엄 하먼
유명 편집자이자 교수.
《브뤼노 라투르 : 정치를 재조립하다》, 《덤 : 사변적 사실주의》 등의 저자.

시간의 덧없음을 극복하는 일기 쓰기의 요령

우리가 살면서 정말 두려워하는 것 중 하나는 시간이 흘러가는 속도일 것이다. 시간이 사라지는 것 같은 현상은 나이가 들수록 더욱 뚜렷해져서, 사십 대 중반쯤 되면 하루가 어떻게 지나갔는지 이해하기 어려울 지경이 된다. 젊은 시절에 벌어진 역사적 사건들을 떠올리며, 그게 벌써 그토록 옛일이라는 걸 깨닫고 충격을 받기도 한다. 내가 기억하는 최초의 정치적 사건은 1972년 미국 대통령 선거에서 리처드 닉슨 Richard Milhous Nixon 이 조지 맥거번 George Stanley McGovern 을 물리치고 당선되었던 일이다. 놀랍게도 거의 반세기 전에 있었던 사건이다. 마흔을 넘었다면, 이처럼 시간의 흐름을 절감하게 해주는 사건들이 한둘이 아닐 것이다. 마흔이 넘지 않았다면, 조만간 이런 기분을 맛보게 될 것이다.

시간이 쏜살같이 흘러가는 듯한 느낌을 극복하는 방법이 있다. 시간의 무르익음을 끊임없이 되새기며 현재 눈앞에서 전개되는 사건을 기록하는 것이다. 나는 열여덟 살 때부터 스무 살 때까지 일기를 썼다. 낱장으로 된 종이 묶음에, 구시대의 유물인 만년필로 내가 관찰한 것들을 끄적거린 글이었다. 1980년대는 아직 컴퓨터보다 종이가 훨씬 믿음직한 매체이던 때였다. 내 삶에서 일어난 사건들을 상당히 자세히 기록했다. 그런데 십 대 후반을 맞은 소년의 일기는 과장되고 피상적인 경향을 띠고, 심지어 창피한 지경까지 치닫는다는 문제가 있었다. 그래서 그나마 현명한 스무 살을 맞은 어느 날, 나는 일기장을 몽땅 뜯어내 쓰레기통에 던져버렸다. 이후 그 결정을 후회한 적은 한 번도 없었다.

6년 후, 대학원이라는 황무지에서 울적한 기분을 달래며 지낼 때, 우연히 지그문트 프로이트 Sigmund Freud 의 일상적 습관을 다룬 짧막한 글을 읽게 되었다. 여러 가지가 있었지만, 그중에서도 편지를 받으면 48시간 이내에 반드시 답장을 보냈다는 사실이 특히 흥미로웠다. 나도 편지를 받으면 성실하게 답장하는 사람이었기 때문에 프로이트에게 일종의 연대감을 느꼈고, 그의 다른 습관들도 받아들이고 싶었다. 그중 하나는 책상에 커다란 달력을 두고, 그날 일어난 개인적인 행사나 세계적인 사건을 간략하게 기록하는 것이었다. 예컨대 딸의 결혼, 프란츠 페르디난트 대공 암살, 연구에서의 중대한 발견 등등.

나는 이 도시 저 도시를 떠돌아다니며 살고 싶었기에 커다란 달력을 잔뜩 쌓아두고 싶지는 않았는데, 마침 친구의 부인에게서 크리스마스 선물로 받은 자그마한 스프링 노트가 있었다. 그 노트를 일기장으로 사용해야겠다는 생각이 들었다. 그것도 프로이트식으로! 그때부터 나는 그날 일어난 한두 개의 가장 주목할 만한 사건을 기록하는 방식으로 하루를 간략하게 정리하기 시작했다. 매일 한 줄을 넘겨선 안 된다고 제한함으로써, 스무 살에 일기 쓰기를 관두게 만들었던 장황하고 두서없는 생각을 애초부터 차단할 수 있었다.

나는 1994년부터 지금까지 일기장을 '하루에 한 줄'로 채워왔고, 앞으로도 평생 계속할 계획이다. 1994년에 시작된 노트는 2007년에 완전히 채워졌고, 2007년에 시작해서 지금도 사용하고 있는 두 번째 노트도 곧 다 채워질 듯하다. 은퇴할 때까지는 한 권이 더 필요할 것이고, 세상을 떠날 때까지 한두 권, 혹은 세 권을 더 채울지도 모르겠다. 평소에는 검은 잉크를 사용하지만, 특별한 사건이 있을 때는 푸른 잉크, 특별히 좋은 일을 기록할 때는 붉은 잉크, 내가 쓴 책의 초판본을 받은 날에는 황금색 잉크를 사용한다. 예전에는 은색 잉크를 사용하기도 했었는데, 어떤 경우에 그 색을 썼었는지 이제는 기억나지 않는다.

나이를 먹을수록 나날이 빨리 흘러가는 삶의 속도에 대응해 어떻게 일기를 활용할 수 있을까? 방법은 여러 가지가 있다. 신문에서는 '100년 전 오늘', '50년 전 오늘', '10년 전 오늘'과 같이 과거의 사건을 상기시키는 특집기사를 가끔 다룬다. 과거의 소식이고 예스러운 문체로 쓰인 기사이지만, 그 나름의 매력이 있어 꽤 재미있다. 이 원칙을 일기장에 그대로 적용해서 특정한 해를 돌이켜보면 무척 흥미롭다. 1994년에 일기를 쓰기 시작했으니, 그해 이후로는 당시 내가 무엇을 했는지 정확히 알 수 있다.

이는 적어도 두 가지 측면에서 도움이 된다. 첫째, 개인적인 문제는 지나치게 오랫동안 지속되지 않는 게 일반적인 현상이므로, 현재의 문제도 과거의 문제처럼 어떻게든 해소될 거라는 걸 깨닫게 된다. 둘째, 지금까지 많은 것을 이루어냈다는 사실을 확인함으로써, 나태하고 무력하게 시간이 흘러가는 걸 마냥 지켜보았을 뿐이라고 자책하는 우리의 본능적인 성향을 억누를 수 있다.

이렇게 기록을 보존하는 기법에서 중요한 것은 월별 요약이다. 나는 매달 말, 바쁜 경우에는 며칠 뒤에라도 일기장을 펼쳐두고, 그달의 사건을 전체적으로 훑어보며 컴퓨터나 종이에 그달에 있었던 좋은 일과 나쁜 일을 따로 정리한다. 그러고는 최대한 정직하게 순서를 매긴다. 이렇게 하면 그달에 있었던 좋은 일과 나쁜 일이 순서대로 정리되고, 그 과정에서 내가 제대로 처리한 일과 그러지 못한 일에 대해 비판적으로 생각할 기회를 가질 수 있다.

많은 지식인들이 비관주의에 시달리지만, 나는 이런 기회를 통해 거의 자동적으로 낙관적인 기운을 얻는다. 평균적으로 매달 12건의 좋은 일이 일어나고, 나쁜 일은 6건에 불과하기 때문이다. 이제 내가 휴일로 삼는 매달 1일에는 대략 12건의 좋은 일이 나를 기다리고 있다는 걸 알고 있다. 또한 대략 6건의 나쁜 일도 나를 기다리고 있다는 걸 알기 때문에 불행과 실패의 충격을 완화하는 데 도움이 된다. 이렇게 순서를 매긴 좋은 일과 나쁜 일의 순위표 위에, 그달의 사건들을 한 단락으로 요약하고 핵심을 담은 제목을 붙인다. 이 과정은 매달 산문체로 글쓰기를 훈련하는 시간이기도 해서, 나처럼 글을 많이 쓰는 직업에 종사하는 사람에게는 상당한 도움이 된다.

각각의 순위표 아래에는 그달에 있었던 새로운 사건, 예컨대 처음으로 방문한 곳, 새로 사귄 친구와 지인, 일상의 습관을 바꿔놓은 새로운 물건 등을 간략하게 기록한다. 이 과정은 생각을 정리하고, 한 달을 기회의 단위로 인식하는 데 도움이 된다. 한 달을 쓸데없이 낭비한다 해서 세상이 끝나지는 않겠지만, 우리에게 평생 허락된 시간은 대략 천 달에 불과하다는 걸 기억하는 게 좋다. 만약 당신이 1,000달러로 평생을 살아야 한다면 1달러라도 함부로 낭비하겠는가.

다음은 1년 단위로 요약한다. 1년은 시간 단위로서는 훨씬 더 중요하다. 헛되이 보낸 1년은 웃어넘길 일이 아닌 심각한 문제이기 때문이다. 연례 요약을 하기 위해 1년 치의 일기를 전부 읽지는 않는다. 월별로 요약한 12개 단락을 읽는 것으로 충분하다. 연례 요약은 그해를 전반적으로 개괄할 뿐이며, 좋은 일과 나쁜 일을 정리해서 순서를 매기지는 않는다. 그렇게 한 해를 정리한 후에는 이듬해를 예측하는 것으로 끝낸다. 대부분의 경우, 바라거나 기대하는 것을 적는다. 한 해를 정리할 때는 또 다른 부가 작업을 하기도 한다. 시간이 흐르면서 부가 작업의 내용은 달라지곤 한다. 예컨대 예전에는 그해에 읽은 중요한 책들에 순서를 매겼지만, 몇 가지 이유로 중단했다.

연례 요약에서 아직도 유지되는 항목은 여행이다. 여행은 지금도 삶에서 상당히 중요한 위치를 차지하는데, 머리를 식히고 삶에 대한 열정을 다시 불러일으키기에 더할 나위 없이 좋은 방법이기 때문이다. 먼저 그해의 '장거리 여행'을 모두 열거해서 목록을 작성하고, 마음에 들었던 상위 열 곳을 골라낸다. 지난 10년 동안 새로 여행한 곳 중 마음에 들었던 곳은 리투아니아의 빌뉴스, 이집트의 살룸, 일본의 히로시마와 나가사키, 인도의 첸나이, 스페인의 톨레도, 케냐의 마사이마라 국립공원, 인도의 바로다, 터키의 앙카라와 밀레토스 유적지, 중국의 베이징이다. 이런 목록을 간직하고 있다는 것만으로도 더 많은 곳을 여행해야겠다는 자극을 받는다.

내가 운이 좋아 장수한다면, 이런 자료들은 은퇴 후의 삶을 살아가는 동안 과거를 되돌아보며 회상하는 좋은 실마리가 될 것이다. 그때 나는 지난 수십 년 동안 있었던 모든 것을 되돌아보며 재해석해볼 작정이다. 기력이 남아 있다면 순전히 나만을 위한 자서전을 쓸 수도 있을 것이다. 또 내가 쓴 책들과 글에서 특별한 의미가 있는 부분을 찾아 다시 읽을 계획도 있다. 운이 따라야 하겠지만, 은퇴한 후에도 가능한 한 짧지 않은 시간을 살고 싶다. 그래야 모든 생각을 정리하는 시간을 가지고, 더 많이 여행할 수 있을 테니까.

이처럼 월별 요약과 연례 요약을 위한 기초적인 자료로서 일기를 꾸준히 쓸 때는, 나만 볼 수 있도록 비밀리에 보관하는 것이 중요하다. 일기에 다른 사람의 심기를 건드릴 이야기가 쓰여 있어서가 아니라, 다른 사람의 생각 때문에 나의 글쓰기 방법이 영향을 받는 걸 원치 않기 때문이다. 이런 이유로 과거의 여자 친구들과 지금의 아내에게, 묻고 싶은 게 있으면 뭐든 물어도 좋지만 어떤 경우에도 일기장은 훔쳐보지는 말라고 신신당부했다. 아마 한두 명쯤은 훔쳐보았겠지만, 적어도 나는 그들이 훔쳐봤다는 것을 모른다. 따라서 나를 제외하고는 누구도 내 일기를 보지 않는 것처럼 일기를 써내려갈 수 있다.

실질적인 조언으로 글을 끝맺을까 한다. 여행을 떠날 때는 일기장을 집에 놓아두는 편이 낫다. 만에 하나라도 여행 중에 몇 년 치 일기를 잃어버리면 회복할 수 없기 때문이다. 컴퓨터나 노트북에 일기를 써두었다가 나중에 편할 때 일기장에 옮겨 쓰는 것이 좋다. **이렇게 기록하는 것이 따분하고 형식적인 방법일지도 모르지만, 시간이 우리의 생각처럼 덧없이 흐르지는 않았다는 걸 확인할 기회를 준다.** 또 중요한 사건들의 순서를 잘못 기억하는 실수를 피하는 데도 도움이 된다. 지금까지 소개한 기법 덕분에 지난 30여 년간의 기억을 다루는 능력에 깊이를 더할 수 있었다.

다니엘 윌-해리스
뉴욕 현대미술관이 극찬한 디자이너 겸 크리에이터.
발명가이자 배우이며 작가이자 가수로도 활동 중.

경험하기 위해 살아라

나는 어릴 때 연기를 시작했다. 무대에서 공연하고 이야기를 꾸미고 노래하고 춤추는 것이 좋았다. 그런 일들을 좋아하긴 하지만, 그저 좋아서 시작한 것만은 아니었다. 인정받고 박수받고 싶은 동기가 더 컸다.

일거리가 많지 않기 때문에 배우로 살아가는 일은 무척 힘들다. 매번 오디션에 참가해 자신의 능력을 증명해야 하고, 배역을 얻을 확률은 최상급 배우라 해도 10퍼센트 정도에 불과하다. 90퍼센트는 딱지를 맞는다는 말이다. 수없이 딱지를 맞고 좌절한다. 그것은 인정받지 못했다는 뜻이었고, 그래서 나는 좌절의 늪에서 허우적거렸다. 일에 열정을 쏟아본 사람이라면 누구나 그런 경험이 있을 것이다.

거절에 굳건히 맞서는 것보다 좋아하는 일을 포기하는 편이 더 쉽다. 원하는 것을 얻을 수 없었기에, 내가 거절당했다는 느낌을 지우기가 어려웠다. 어느 예술 분야에서나 그렇듯, 나의 행위를 정확히 이해하고 칭찬하는 사람들도 있겠지만 그렇지 않은 사람들이 훨씬 많다. 그러니 어떤 일을 좋아하지만 인정받고 싶은 욕망, 혹은 돈으로 가치를 확인하고 싶은 욕심에 그 일을 한다면 즐거움보다는 고통을 맛볼 확률이 높다.

로스앤젤레스에 살 때 주로 작은 TV 프로그램에서 단역을 맡다가, 마침내 한 영화의 꽤 큰 배역을 맡기도 했다. 그래도 다음번엔 어떤 배역을 구하든 다시 오디션을 거쳐야 했고, 대부분의 경우 퇴짜를 맞았다. 아주 간혹 캐스팅되기도 했지만, 그런 기쁨보다 거절당할 때의 고통이 더 잦고 또 오래갔다. 나는 내가 원하는 것을 끝내 얻지 못했다. 그래서 좋아하는 연기를 포기했다.

다행히 연기 말고도 좋아하는 것이 있었다. 디자인이었다. 이 분야에는 오디션이라는 것은 없지만, 대신 과거에 해놓은 결과물을 바탕으로 일거리를 얻는다. 일거리가 많으면 남들에게 보여줄 것도 많아지고, 나를 추천해줄 고객도 많아지고, 잠재적인 고객도 나를 더욱 신뢰하게 된다. 그래서 여러 가지를 디자인했다.

디자인하는 과정도 좋아했지만, 고객이 만족스러운 표정을 지으며 멋진 작품이라고 감탄할 때가 가장 즐겁고 기뻤다. 그러나 창조적인 일들이 그렇듯, 내 디자인을 모든 고객이 좋아한 것은 아니었다. 그들이 원하는 것을 성취하는 데 분명 도움을 줄 더할 나위 없이 훌륭한 디자인이라도 마찬가지였다. 나는 작품이 점점 나아지고 있다고 확신했지만, 고객들은 그렇게 생각하지 않았다. 그때부터 서서히 분란의 조짐이 나타났다.

나는 수없이 자기반성을 반복해야 했다. 작품에는 문제가 없다 해도 고객들이 작품을 좋아하거나 싫어하는 데는 나름의 이유가 있을 것이므로, 혼자 착각에 빠진 것이 아니라는 걸 확인하기 위해 재점검의 시간이 필요했다. 고객의 선호는 작품 자체보다 고객들의 성향과 관계가 있었다. 내가 디자인하는 과정을 좋아하더라도 인정을 받지 못하니 기분이 유쾌하지는 않았다.

나는 마음이 무척 상했고, 결국 나 자신을 변화시켜야겠다는 생각이 들었다. 그래서 융 Carl Gustav Jung 의 이론에 입각한 심리치료를 받기 시작했다. 그제야 내가 했던 일들의 의미와 성공하지 못한 이유가 무엇인지 깨달았다. 그리고 다음과 같은 결론에 이르렀다. 나는 인정받기 위해서 일하고 있었다. 박수를 받고, 칭찬을 받고, 돈을 벌고 싶은 욕심에 일하고 있었다. 그런대로 성공해서, 하고 싶은 일을 하면서 생계를 꾸릴 수 있었다. 그런데 나의 행복은 전적으로 다른 사람들이 나의 일을 어떻게 생각하느냐에 달려 있었다.

나는 일 자체가 좋아서가 아니라, 어떤 목표를 성취하려고 일하고 있었던 것이다. 지금 하고 있는 일에 몰입하지 못하고 얻고 싶은 것을 꿈꾸며 살고 있었다. 이런 깨달음을 얻는 데 수년이나 걸리다니! 나는 무척 느리게 배우는 사람이라는 생각이 들었다. 하지만 곧 내 삶을 변화시킨 교훈을 얻게 되었다. '경험하기 위해서 살아라!'

어떤 결과를 얻으려고, 구체적인 성과를 거두려고 발버둥치며 살 필요가 없다는 뜻이다. 그렇다고 새로운 것을 경험한답시고 비행기에서 뛰어내리는 무모한 모험을 하라는 말은 아니다. **재미를 위해서나 돈을 위해서나 어떤 일을 하든 다른 사람의 인정에서 행복을 찾지 말고 그것을 경험하는 자체를 즐기라는 뜻이다.** '삶은 여정이지 목적지가 아니다'라는 속담도 있지 않은가. 우리는 이런 속담의 의미를 까맣게 잊고, 다른 사람의 관점에서 우리가 얼마나 잘해내고 있는지에 대한 걱정에 사로잡히곤 한다. 다른 사람들이 우리를 어떻게 생각하는지 걱정하며 하루를 꼬박 보내기도 한다.

'경험하기 위해서 살아라!'라는 교훈을 깨닫는 데 그치지 않고, 실제로 그렇게 살기 시작하자 삶이 달라졌다. 그때까지 돈을 주고 수집했던 모든 것이 하찮게 느껴졌다. 그것들은 나에게 필요한 것이 아니었다. 내가 좋아하는 일을 하면서 만족하면 그것으로 충분했다. 이기적으로 들릴지도 모르겠지만, 결코 이기적인 게 아니다. 어떤 일을 즐겁게 하면 주위 사람들까지 즐겁게 만들 수 있고, 다른 이들에게 긍정적인 본보기가 될 수 있기 때문이다.

나는 다시 연기를 시작했다. 영화와 텔레비전에 출연했고, 광고에도 출연했다. 굳이 어떤 배역을 따내야만 연기를 할 수 있는 것은 아니었다. 훌륭한 배우들은 어떤 역할을 맡느냐를 신경 쓰지 않는다. 이런 깨달음을 얻자, 내가 연기를 얼마나 좋아하는지가 생각났다. 연기는 재미있고 도전의식을 불러일으키는 분야이며, 이 분야에서 활동하는 창의적인 사람들과 어울릴 수 있어서 좋다. 지금도 나는 종종 오디션에 참가한다. 오디션이 '일자리를 얻기 위한 행위'가 아니라, 배우들의 표현대로 '작품'을 하는 것이라는 걸 이제는 알기 때문이다. 물론 연기를 더 많이 하려면 일자리를 얻어야 한다. 하지만 일자리를 얻지 못하더라도 이젠 직접 작품을 만들어낼 수도 있다.

이런 마음가짐으로 무장하자 전에는 상상조차 못 했던 방식으로 글을 쓸 수 있게 되었다. 잘 쓴다는 이야기를 들을 만큼은 아니었기 때문에, 과정을 즐긴다는 마음으로 글을 쓰기 시작했다. 최근에 시작한 '내 머릿속에서 영위하는 삶'은 순전히 글쓰기의 즐거움을 위해 글을 쓰는 프로젝트이다. 이 글을 통해 무엇을 할 것인지에 대한 고민으로부터 자유로워지자 2년 만에 문자 그대로 수백 편의 이야기를 써낼 수 있었다. 처음에는 출간할 의도가 전혀 없었다. 그러다가 내가 쓴 글을 헤아려보았을 때 놀라지 않을 수 없었다. 무려 350편, 1,700페이지에 달하는 이야기가 쓰여 있었다.

계속해서 나는 일주일에 적게는 1편에서 많게는 6편까지 글을 쓸 생각이다. 또한 인정받고 싶은 욕구와 마음속의 비평가를 극복하는 방법, 더 나아가 좋아하는 것을 일로 바꾸는 방법을 다른 사람들에게 알려주고 싶다. '왜'가 달라지자 '어떻게'도 달라졌다. 예전에는 불가능해 보였던 것이 이제는 가능해졌다. 지금 나는 글을 쓰고 연기하며 디자인도 한다. 오로지 경험하기 위해서다!

경험이 곧 삶이다. 이 책을 읽는 당신은 당신의 삶을 살아간다. 당신의 삶은 당신이 가진 전부이다. 삶은 온갖 경험으로 이루어져 있으며, 경험은 우리 존재를 만들어가는 원자이다. 어떤 일을 하든 '경험을 위해서 하고 있다'고 생각하면 그 일에 대한 느낌이 달라질 것이다. 훨씬 의미 있고 재미있게 느껴질 것이다. 결국 삶은 경험의 연속에 불과하다는 것을 기억하고 즐겨야 한다. 그러면 우리의 경험은 더 깊어지고 의미 있게 느껴지며 만족스러워질 것이다.

로버트 스턴버그
코넬대학교와 하이델베르크대학교의 심리학 교수.
세계적으로 가장 많이 인용되는 심리학자 중 하나.

지혜로운 삶을 살기 위한 조언

젊은 시절, 나는 일을 가장 중요하게 여겼다. 당시엔 그게 당연해 보였다. 삶의 목적은 지워지지 않는 명성을 남기는 것이라 믿었고, 일을 통해 그 목적을 이룰 수 있으리라 생각했다. 그러나 나이를 먹어가면서 현실 세계에 조금씩 눈을 뜨게 되었다.

대학과 대학원에서 나의 지도교수였던 엔델 툴빙 Endel Tulving 과 고든 바우어 Gordon H. Bower 는 20세기의 가장 유명한 심리학자들로 손꼽혔다. 그러나 미국에서도 독일에서도 나의 학생들은 그들의 이름을 전혀 몰랐다. 세상에 이름이 기억되는 과학자는 극소수에 불과했고, 특히 심리학 분야에서 이름이 기억되는 학자는 주로 비판의 대상뿐이었다. 그리고 은퇴를 준비하겠다고 발표하는 순간, 그 사람은 이미 죽은 것이나 다름없게 된다. 곧바로 잊힐 것이기 때문이다. 내가 재직하던 학과의 노교수가 회복하기 힘든 병에 걸렸는데, 놀랍게도 문병을 가는 사람이 거의 없었다. 나는 문병을 간 극소수 중 한 명이었다.

나이를 먹자 더 낙심할 수밖에 없었다. 불멸을 향한 노력이 성공할 가능성이 거의 보이지 않았기 때문이다. 그동안 나는 1,500편이 넘는 논문을 발표해, 학자의 생산성과 영향력을 나타내는 지표인 H값이 150에 이르렀다. 그러나 그런 성과는 내 이름의 불멸성에 큰 도움이 되지 않았다. 진정으로 성공한 사람은 해당 분야에서 가장 중요한 기여를 한 사람이어서, 나머지는 공헌이 언급된다 하더라도 아무도 기억하지 않는다. 지그문트 프로이트나 장 피아제 Jean Piaget 같은 예외를 제외하고는, 아무리 열심히 일해도 이름이 남지 않는 성과를 거둘 뿐이다. 그들의 이름조차 요즘에는 예전만큼 중요하게 여겨지지 않을 정도다.

그래서 불멸의 이름을 남기겠다는 바람 자체가 아니라, 불멸성에 이르는 방법을 다시 생각해보게 되었다. 그리고 그것을 이루는 최선의 길이 자식, 그 자식의 자식, 그 자식의 자식

의 자식을 통하는 것이란 사실을 문득 깨달았다. 나는 다섯 명의 자녀를 두었다. 둘은 어느덧 성인이 되어 상당한 성공을 거두었다. 하나는 실리콘밸리의 기업가이고, 다른 하나는 법학 교수이다. 그 두 녀석도 벌써 자식을 두었다. 나는 말년에 자식을 낳는 행운도 누려, 네 살짜리 세쌍둥이의 아버지가 되었다. 이 아이들은 내 불멸성을 담보해주는 증거이다.

나는 항상 건강 관리에 신경을 쓴다. 젊은 시절에는 매일 8킬로미터를 뛰었고, 요즘에는 러닝머신으로 5킬로미터를 걷는다. 과거에는 나 자신을 위해 건강을 관리했다면 요즘에는 아이들을 오랫동안 보기 위해 운동을 한다. 행위 자체는 옛날이나 지금이나 별로 달라지지 않았지만, 동기는 확연히 다르다. 또 나의 몫을 많이 취하기보다는 남들에게 더 많이 주려고 노력하는 편이다.

내가 말하는 자식에는 피붙이만이 아니라, 오랫동안 멘토로서 지도한 학생들까지 모두 포함된다. 그들까지 포함하면 백 명은 족히 넘을 것이다. 나의 이력서에는 내가 지도한 대학원생과 연구자들의 이름과 직업이 쓰여 있다. 직계가족을 통해서, 또는 자신이 가르친 학생과 도제 및 다른 젊은이로 이루어진 가족을 통해서도 불멸성을 이어갈 수 있을 것이다. 내가 조언해준 멘티들이 사회에서 성공해 행복한 삶을 꾸려가기를 바란다. 넓게 보면 그들도 내 가족의 일부이기 때문이다.

나는 지혜를 연구하는 학자이다. 지혜란 자신만이 아니라 다른 사람의 이익을 고려하며, 공동체 전체의 이익과 동시에 윤리적인 가치를 고려하는, 공익을 위해 개인의 지식과 능력을 활용하는 힘이라고 생각한다. 젊었을 때는 나와 타인과 공익을 고려하는 균형추가 분명히 내 쪽으로 기울어져 있었다. 하지만 지금은 타인, 특히 아내와 자식들을 향해 기울어져 있다.

젊은 시절, 지도하던 대학원생에게 잘못된 조언을 해주었던 일이 지혜를 연구하는 데 영향을 미쳤다. 당시 삼십 대 초반이던 나는 결코 지혜롭지 않았다. 그 학생은 두 군데에서 취업 제안을 받았다. 한 곳은 권위 있는 기관이었고, 다른 한 곳은 상대적으로 권위가 떨어지는 곳이었다. 그녀는 어떤 곳을 택하는 게 좋을지 내게 조언을 구했다. 나는 권위 있는 곳에 가라고 했다. 그러지 않으면 나중에, 그 제안을 받아들였더라면 얼마나 편하게 살았을까 하는 후회를 떨치지 못할 거라고 조언했다.

문제는 그녀에게는 다소 권위가 떨어지는 기관 쪽이 더 잘 맞았다는 점이다. 그녀는 교육을 중요하게 생각했고, 그 작은 기관이 그랬다. 권위 있는 기관은 교육보다 연구에 중점을 두고 있었다. 그녀는 조언을 받아들여 더 권위 있는 기관을 선택했지만, 잘 맞지 않아 결국 교육을 중요하게 생각하는 기관으로 다시 이직했다.

이 경험을 통해, **삶에서 중요한 것은 권위와 명성을 좇는 게 아니라, 일체감과 소속감을 추구하는 것이라는 사실을 깨달았다.** 그래서 나의 아이들이 세상에서 흔히 성공의 지표라고 말하는 돈과 명성, 권위와 권력이 아니라, 삶의 현재 위치에서 뭔가 다른 것을 만들어내면서 느끼는 행복을 얻기를 바란다. 세상을 더 살기 좋은 곳으로 만들어가며 그 과정을 즐길 수 있기를 바란다.

나는 예순다섯이지만 아직 일하고 있다. 네 살 난 쌍둥이들을 생각하면 앞으로도 상당한 기간을 더 일해야 한다. 일에 대한 마음가짐도 달라졌다. 세상을 변화시키고 싶지만, 세상과 조직을 변화시킨다는 것이 젊었을 때 생각했던 것보다 훨씬 어렵다는 걸 깨달았다. 그러나 세상 사람들이 지능과 창의성과 지혜에 대해 어떻게 생각하는지 파악함으로써, 즉 '심리적 구성 개념'을 연구함으로써 세상을 조금이나마 바꿔나갈 수 있다고 믿는다.

이제 내가 이루어낼 수 있는 훨씬 중요한 것은, 아이들이 성장해서 그들의 기준에 맞는 성공을 거두는 모습을 보는 것이다. 지성이란 내가 세상에 할 수 있는 기여가 무엇인지 파악하고, 그것을 해내는 것이다. 나는 아이들이 이 땅에서 자신이 추구하는 변화를 만들어내는 모습을 볼 수 있기를 바란다.